Chris Inken Soppa

ÜBER JEDE GRENZE HINWEG

Chris Inken Soppa

ÜBER JEDE GRENZE HINWEG

BEMERKENSWERTE FRAUEN AM BODENSEE

GMEINER

In Kooperation mit dem Landkreis Bodensee durch
Mittel der Oberschwäbischen Elektrizitätswerke,
dem Kulturamt und der Stabsstelle Chancengleichheit der Stadt Konstanz
sowie dem Droste-Forum Münster e.V.

Im Ehnried 5, 88605 Meßkirch
Telefon 07575/2095-0
info@gmeiner-verlag.de

2. Auflage 2024

Lektorat: Christine Braun
Herstellung: Julia Franze
Umschlaggestaltung: Susanne Lutz
unter Verwendung eines Fotos von: © Privatbesitz Frieda Meier, Repro: Ralf Staiger
Druck: AZ Druck und Datentechnik GmbH, Kempten
Printed in Germany
ISBN 978-3-8392-0524-2

Vorneweg

In den vergangenen Jahrhunderten blieben Frauen im europäisch geprägten Raum mehrheitlich unsichtbar: Gesellschaft, Geschichte, Religion, Wissenschaft, Kunst und Literatur wurden fast durchweg von Männern gestaltet. In der Regel von Männern mit stabilen Vorstellungen zu Geschlechterrollen und dem »naturgegebenen Charakter« von Mann und Frau. Die allseits unterstellte »weibliche Unterlegenheit« geriet dabei zur selbsterfüllenden Prophezeiung, enthielt man Frauen doch angemessene körperliche und geistige Entwicklungsmöglichkeiten vor. Speziell im 19. Jahrhundert war dies zu beobachten – einer Zeit, in der Geschlechterrollen geradezu zementiert schienen. Frauen höherer Schichten blieben zu Hause, wurden in unpraktische Gewänder geschnürt, hatten dekorativ still zu sitzen und sich brav mit Handarbeiten zu beschäftigen. Ein wenig zeichnen und musizieren zur Unterhaltung feiner Gesellschaft gestand man Frauen zu, aber allzu Ehrgeiziges war verpönt, Dilettantismus hingegen strengste Weibespflicht! Nur wenige Künstlerinnen, etwa die Dichterin Annette von Droste-Hülshoff, konnten sich aus derlei Zwängen ein Stück weit befreien.

Ärmere Frauen erhielten so gut wie gar keine Bildung, wurden in ihrer Arbeitskraft ausgebeutet und mussten sich überdies um Kinder und Küche kümmern. Für solche Frauen ging es häufig ums reine Überleben. Das Ergebnis: Ihre Stimmen verhallten in der Geschichte weitgehend ungehört.

Doch es gab zu jeder Zeit Ausnahmen. Streitbare, selbstbewusste, kluge, unerschrockene Frauen, die sich nicht davon abbringen ließen, ihre Träume zu leben, ihre Ziele zu verfolgen und Großes zu schaffen. Etwa Hypatia, die spätantike Mathematikerin, Astronomin und Philosophin. Christine de Pizan, die 1405 mit ihrem »Buch von der Stadt der Frauen« eine frühe feministische Streitschrift verfasste. Mary Shelley, Schöpferin des »Frankenstein«, mit dem sie das literarische Genre »Science-Fiction« begründete. Die Revolutionärin und Frauenrechtlerin Olympe de Gouges. Maria Montessori, ihres Zeichens Ärztin und Reformpädagogin. Die Pianistin und Komponistin Clara Schumann. Die Schriftstellerin Jane Austen, die Gesellschaft und Menschen umwerfend klug analysierte. Marie Curie, Chemikerin, Physikerin, Nobelpreisträgerin. Die Gorilla-Forscherin Dian Fossey. Die jüngst verstorbene US-Juristin Ruth Bader Ginsburg, Menschenrechtlerin und wohl bekannteste Richterin der Geschichte. Ihr wurde ein berühmtes Zitat einer Bürgerrechtlerin aus dem 19. Jahrhundert zur Inspiration: Sarah Moore Grimké verlangte von Männern nichts weiter, als »ihre Füße vom Nacken« der Frauen zu nehmen.

Mitreißende weibliche Persönlichkeiten begegnen uns auch rund um den Bodensee – über alle Grenzen hinweg. Auch hier erhoben sich Frauen immer wieder über Beschränkungen, die ihnen nur auferlegt wurden, weil sie dem weiblichen Geschlecht angehörten. Viele kamen aus vergleichsweise gebildeten, liberalen Elternhäusern. Dort wurden Töchter oft aktiv gefördert und wertgeschätzt, genossen weitreichendere Freiheiten und damit ein größeres Selbstbewusstsein als die Mehrheit ihrer Zeitgenossinnen. Einige entwickelten sich etwa zu Künstlerinnen, Schriftstellerinnen, Reformpädagoginnen, Unternehmerinnen oder Wissenschaftlerinnen.

Aber auch Frauen, die aus kleinen Verhältnissen stammten, veränderten mit Mut und Engagement die Welt zum Positiven. Frauen wie Maria Stromberger, eine Krankenschwester, die sich freiwillig nach Auschwitz in die KZ-Hölle begab, um Gefangenen zu helfen. Häufig befanden sich diese Frauen im Zwiespalt zwischen den eigenen Ideen und den Ansprüchen von Kindern, Gatten, Verwandten und der gesamten Gesellschaft. Qualen, Selbstzweifel, Entmutigung waren die Folge. Jede musste ihren persönlichen Weg finden, sich solchen Ansprüchen entweder zu entziehen oder sie mit ihrer Berufung zu vereinbaren.

In der länger zurückliegenden Vergangenheit gab es durchaus auch andere Sichtweisen auf Frauen, das zeigt die Ahninnenwand von Ludwigshafen: Vor fast 6.000 Jahren scheinen Frauen eine derart große Wertschätzung erfahren zu haben, dass ihre Zeitgenossen ihnen eine regelrechte Kultwand widmeten. Längst ist bekannt, dass auch Frauen in der Urgeschichte Bilder malten, Werkzeuge bauten, jagten oder in den Krieg zogen. Die »naturgegebene« Arbeitsteilung der Geschlechter erfolgte erst mit der Sesshaftwerdung des Menschen.

Meinen Blick auf das vielfältige Frauenleben am See verdanke ich zahlreichen freundlichen Leuten, die dieses Buch mit mir ermöglicht haben. Allen voran meinem lieben Ralf: Zusammen reisten wir auf den Spuren der Frauen zu den Orten ihres Wirkens, die er fotografisch einfing. Auch für das eine oder andere Frauenporträt aus seiner Hand – speziell für das Buch gemalt oder gezeichnet – möchte ich ihm von ganzem Herzen danken.

Eine große Hilfe waren mir auch die vielen Menschen, die mir Kontakte zu den Familien der dargestellten Frauen ermöglicht, Fotorechte gewährt oder Texte gegengelesen haben: Peter Blickle, Brigitte Conrad, Dorothea Cremer-Schacht, Andrea Dix, Eva Eberwein, Otto Egloff, Tobias Engelsing, Ekkehard Faude, Stefan Feucht, Lisa Foege, Dominik Gügel, Wolfgang Göldi, Sabine Herzger-Verdet, Yvonne Istas, Schwester M. Jacobe, Matthias Kehle, Winfried Klimm, Stefan Krummenacher, Markus Landert, Charles Linsmayer, Boris Löffler-Holte, Nathalie Leu, Simone Lipski, Matthias Märkle, Tobias Mayer, Frieda Meier, Regula Morf, Sabine Mühlenweg-Beck, Julia Naeßl-Doms, Verena Nussbaumer, Barbara Parra, Uta Pichler, Rosa Pittà-Settelmeyer, Ralph Röber, Birgit Rückert, Ralph Erich Schmidt-Noelle, Maria Schorpp, Sabine Schürnbrand, Daniel Studer, Monika Taubitz, Dieter Toder, Barbara Waibel und Anette Weiberg. Außerdem Frauke Dammert, Regula Gonzenbach und Nathalie Kolb vom Thurgauer Frauenarchiv sowie Kim De Solda vom Staatsarchiv Thurgau. Ein herzliches Dankeschön gilt zudem den Staatlichen Schlössern und Gärten Baden-Württemberg für die kostenlose Nutzung des Bildes von Olga von Württemberg. Dank gebührt auch der Monacensia im Hildebrandhaus: Das »literarische Gedächtnis der Stadt München« genehmigte den kostenlosen Abdruck des Fotos von Monika Mann. Des Weiteren möchte ich Herrn Lothar Wölfle, Landrat Bodenseekreis, den Oberschwäbischen Elektrizitätswerken, Frau Angelika Braumann vom Kulturamt Konstanz, Frau Julika Funk, Leiterin der Chancengleichheitsstelle Konstanz, sowie Herrn Jochen Grywatsch, Vorsitzender des Droste-Forums, für die großzügige Förderung danken.

Nicht zuletzt meiner Lektorin Christine Braun danke ich für ihren klaren Blick, ihre tatkräftige Unterstützung bei der Beschaffung von Bild- und Zitatrechten und die so gute und inspirierende Zusammenarbeit.

Frieda Meier

Erste Berufsfischerin vom Bodensee

2. April 1935

Postkarte von 1953, mit Frieda Meier als Fischerin vom Bodensee und einmontiertem Alpenpanorama. (Privatbesitz Frieda Meier)

Ihr ungewöhnlicher Beruf machte die Fischerin Frieda Meier im Jahr 1953 zum Postkarten-Modell: Es war ein schöner Samstag im Juni; wie so häufig stand das junge Mädchen – damals noch Frieda Messmer – mit ihrem Vater am Ufer von Konstanz-Egg und half, die Netze zu trocknen und zu reparieren. Plötzlich traten zwei Männer auf die beiden zu und fragten, wer die Fischerin vom Bodensee sei.

Friedas Vater reagierte prompt. »Das ist sie«, sagte er und zeigte auf seine Tochter.

Die beiden Männer waren Landschaftsfotografen aus Tübingen, heute würde man sie vielleicht als »Location Scouts« bezeichnen. Für den geplanten Heimatfilm »Die Fischerin vom Bodensee« suchten sie nach Motiven und Werbematerial. Sie hatten von der ersten und damals einzigen Berufsfischerin in der Region gehört, also begaben sie sich in Konstanz-Egg auf die Suche nach ihr. Die Idee: Ein Postkartenfoto mit der attraktiven Fischerin sollte das Filmprojekt bekannt machen.

Für Frieda hieß es also: Sonntagsbluse anlegen, ins Ruderboot steigen, den Kescher mit drei frisch gefangenen Felchen in die Hand nehmen und freundlich lächeln. »Ein wenig affig war's schon«, erinnert sie sich. Zuvor hatte der Vater bei der Berufsgenossenschaft noch eine Sondergenehmigung einholen müssen: Samstags war das Fischen nämlich verboten.

25 Mark erhielt Frieda; für den Aufwand eine recht bescheidene Gage. Ein vergleichbares Honorar hätte heute sicherlich im vierstelligen Eurobereich gelegen.

Mit Friedas hartem Alltagsleben hatte das idyllische Postkartenbild ohnehin wenig zu tun. Noch in den 50er-Jahren lebten Fischer von der Hand in den Mund, hatten meist noch andere Berufe. Die Familie Messmer hielt ein paar Hühner, Schweine und Kühe, buk eigenes Brot, da musste jeder mit anpacken. Bevor sie sich morgens auf den Weg zur Schule machte, fütterte Frieda das Vieh. Auch sonntags verrichtete sie Haus- und Hofarbeit.

Doch wie kam Frieda dazu, Fischerin zu werden? In einer Zeit, als dieser Beruf noch fest in männlicher Hand lag und Frauen höchstens zum Rudern der Boote abkommandiert wurden?

Friedas Vater Bernhard Messmer und ihre Mutter Paula von Briel stammten beide aus Fischerfamilien. Frieda hatte zwei Brüder, einer fiel im Krieg, der andere litt zeitlebens an einer Behinderung. Der Vater benötigte jedoch einen Partner zum Fischen: jemanden, der ihm half, die schweren Netze zu manövrieren. Zunächst leistete er sich einen Gehilfen. Der erwies sich bald als zu teuer, so kam der Vater anno 1950 auf die Idee, seine Tochter zum Fischen mitzunehmen. Frieda war damals 15 und im Fischerboot so gut wie aufgewachsen. Im Gegensatz zu ihren Eltern konnte sie schwimmen, ein lebenswichtiger Vorteil.

Ab sofort legte Frieda jeden Morgen Gummistiefel, Rock und Schurz an und fuhr in der Dämmerung mit ihrem Vater auf den See. Das machte sie fit: Pro Tag musste das »Klusgarn«, ein mit Steinen beschwertes Baumwollnetz, bis zu 40-mal ausgelegt werden. Das Einholen war noch kräftezehrender. Ein volles Netz wog etwa vier Zentner, und es dauerte ungefähr zehn Minuten, bis man es mit vereinten Kräften wieder im Boot hatte. Gefangen wurden Felchen, Hechte oder Seeforellen. Dazwischen wurden die Stellnetze kontrolliert, in die sich vorwiegend Zander und Brachsen verirrten. Als Fischereimeister besaß Friedas Vater eine Lizenz: Pro Tag durfte er 300 Tiere fangen.

Als Auszubildende des Vaters erhielt Frieda einen eigenen Fischereischein und wurde damit offiziell zur ersten Berufsfischerin auf dem Bodensee. Außerdem erwarb sie das Bodensee-Schifferpatent, das ihr erlaubte, Motorboote bis zu zwei Tonnen Ladefähigkeit auf dem Obersee zu steuern.

Frieda erinnert sich: »In Unteruhldingen am Strand legten wir die theoretische Prüfung ab, die war leicht. Ein paar meiner Kollegen hab ich sogar abschreiben lassen.« Der Praxistest fiel ihr noch leichter. Dank der unzähligen Fahrten mit ihrem Vater war ihr das Steuern und Manövrieren eines Bootes längst in Fleisch und Blut übergegangen.

Viele männliche Kollegen betrachteten die attraktive Fischerin mit Misstrauen. Die damals überall erhältliche Postkarte sorgte erst recht für Unruhe. Das Wort »Modell« verstand der eine oder andere willentlich falsch und versuchte, Frieda auf den Leib zu rücken. Doch die junge Frau, durch ihre Arbeit gestählt, erwies sich als wehrhaft: Allzu handgreifliche Verehrer landeten da schon mal im See.

Auch andere gefährliche Situationen meisterte Frieda. Einmal fischten sie und ihr Vater auf dem Obersee, als ein verheerender Sturm losbrach, der ihnen Sicht und Orientierung nahm. Kaltblütig bewahrte Frieda das Boot in den hohen Wellen vor dem Kentern und davor, an der Hafenmauer von Meersburg zu zerschellen. »Mein Vater war hinterher kreideweiß im Gesicht«, erinnert sie sich. »Das Abenteuer hat ihn derart mitgenommen, dass er sich nach der Ankunft an Land hinlegen musste.«

In den 50er-Jahren veränderte sich die Lage der Fischer; in Ermangelung von Kläranlagen verschmutzte der Bodensee zusehends. Der Dreck legte sich auch um die Maschen der Baumwollnetze. Obwohl sie regelmäßig ausgekocht und imprägniert wurden, machten Ablagerungen die Netze zu schwer und damit unbrauchbar. Die Folge: Die Fangerträge sanken drastisch.

Bald musste sich Frieda einen zusätzlichen Job suchen. Ab 1954 arbeitete sie als Näherin bei einer Bekleidungsfirma. Ein Jahr später starb ihr Vater. Nun war sie ganz auf sich allein gestellt und musste überdies die Familie ernähren.

1956 lernte Frieda ihren zukünftigen Ehemann kennen: Helmut Meier stammte aus Waldshut und war zu seinem Bruder nach Egg gezogen. Ein Heißsporn war er, stolz auf seine Körperkräfte. Als Schmied, so glaubte er, könne er der Fischerin in jeder Hinsicht das Wasser reichen. Frieda bot ihm eine Wette an: Er würde es nicht schaffen, ein 15 Meter langes Netz kreisförmig auf dem See auszulegen. Aus einem Boot mit laufendem Motor brachten das nur Geübte hin. Helmut Meier scheiterte kläglich, doch statt seinen verletzten Stolz zu hätscheln, machte er Frieda einen Antrag. Noch im selben Jahr heirateten die beiden.

1958 fuhr Frieda Meier zum letzten Mal auf den See. Kurz zuvor hatte sie sich zwei teure Perlonnetze gekauft, für 1.000 Mark pro Stück. Leicht genug, dass man sie auch ohne Partner handhaben konnte. Gleich beim ersten Fischzug wurden Frieda die Netze gestohlen; ein schmerzlicher Verlust, denn sie mussten noch abbezahlt werden. Der Diebstahl änderte alles. Schweren Herzens beendete Frieda Meier ihre Laufbahn als professionelle Fischerin. Auch ihre Kinder Manfred und Margit sollten später andere Berufe ergreifen.

Die Postkarte aber, die Frieda Meier als erste Fischerin vom Bodensee berühmt machte, hängt noch heute an ihrer Wohnzimmerwand. Ein kurioses Detail: Die Aufnahme, die im Egger Hafen gemacht wurde, zeigt ein prächtiges Alpenpanorama im Hintergrund, das auf dem Originalfoto nie zu sehen war. Vorarlberger und Appenzeller Alpen wurden später einfach ins Bild montiert.

Die Werbung jedenfalls muss erfolgreich gewesen sein; der Heimatfilm »Die Fischerin vom Bodensee« mit Marianne Hold und Gerhard Riedmann kam 1956 in die Kinos und erwies sich als Publikumsrenner. Frieda Meier hat ihn natürlich gesehen: »Ein kitschiger Liebesfilm, mehr nicht! Mit Bodensee und Alpen als Kulisse. Vom harten Alltag der Fischer zeigte der Film leider nichts.«

Frieda Meier ist eine meinungsstarke Frau. Gier und Profitstreben sind ihr zuwider. So vergleicht sie die ehemals bescheidene Landwirtschaft ihrer

Familie mit der heutigen Massentierhaltung, die sie entschieden ablehnt. Auch Aquakulturen im Bodensee hält sie für gefährlich: »Die Fische müssen gefüttert werden. Und sie bekommen Antibiotika. Im Bodensee hat es viel Strömung, da verteilt sich das überallhin und landet bei den freilebenden Tieren und Pflanzen. Und dann wieder bei uns Menschen, das sollten wir niemals vergessen.«

Literatur:

ANDREAS SCHULER: Sie ist die wahre Fischerin vom Bodensee: Wie Frieda Meier aus Egg zur Werbefigur für den Heimatfilm-Klassiker wurde. In: Südkurier, 26. Dezember 2018.

FRANK JOACHIM EBNER: Die echte Fischerin vom Bodensee. In: 25 historische Gasthäuser in Baden. Meßkirch, Gmeiner 2013.

Sehenswert

Das Seeufer von Egg am Ende der Bachgasse. An dieser Stelle entstand das Postkartenfoto.

Frieda Meier im Frühjahr 2020 am Seeufer von Egg, im Hintergrund die Mainau. Hier wurde das Postkartenbild von 1953 aufgenommen. (Ralf Staiger)

Sonja Gräfin Bernadotte im Jahr 2006 (Insel Mainau/Peter Allgaier)

Sonja Gräfin Bernadotte
Zupackende Managerin

7. Mai 1944 – 21. Oktober 2008

Im Grunde war Sonja Gräfin Bernadotte ein Kind der Mainau. Da ihre Eltern, Wolfgang und Anita Haunz aus Litzelstetten, beide dort arbeiteten, wurde ihr die 45 Hektar große Blumeninsel praktisch zum zweiten Zuhause. Sonja wuchs mit ihren beiden Brüdern auf. Ihre Biografin Gunna Wendt beschreibt sie als pfiffiges, fantasievolles Mädchen, das gerne auf Bäume kletterte. Wenn sie es für nötig hielt, prügelte sie sich auch mit Jungs.

Wildfang Sonja war kein begeistertes Schulkind. Für Dinge aber, die sie spannend fand, bewies sie Geduld und Beobachtungsgabe – nicht immer zum Entzücken ihrer Lehrer. Einmal kam die kleine Sonja deutlich verspätet zum Unterricht mit der schlichten Erklärung, sie habe eine Schnecke getroffen.

Besonders liebte Sonja das Singen und Tanzen. Mit 15 trat sie in die Litzelstetter Fasnachtsgesellschaft »Kuckuck« ein und tanzte begeistert im dortigen Ballett.

1960 bestand Sonja ihre Mittlere Reife und besuchte anschließend eine Hauswirtschaftsschule. Mit 17 Jahren arbeitete sie erstmals auf der Mainau, zunächst als Aushilfe in der Telefonzentrale, später als Assistentin ihres Vaters, der damals Verwaltungsdirektor der Insel war. Zu dieser Zeit traf Sonja mit dem 35 Jahre älteren Lennart Graf Bernadotte zusammen, seines Zeichens Sohn Prinz Wilhelms von Schweden und Enkel des schwedischen Königs Gustav V. Der gräfliche Chef und Schöpfer der Touristenattraktion Mainau erkannte das Sprach- und Organisationstalent der jungen Sonja Haunz und setzte sich für ihre weitere Ausbildung ein.

1966 verließ Sonja die Insel fur einige Zeit. Arbeitete an der Bundesanstalt für Vegetationskunde, Naturschutz und Landschaftspflege in Bad Godesberg und als Hotelangestellte im englischen Küstenort Margate. 1969 holte Lennart Graf Bernadotte sie zurück auf die Mainau und machte sie zu seiner persönlichen Assistentin. In seinen Memoiren »Ein Leben für die Mainau« staunte er später über die »Vielseitigkeit« seiner »Sonny«, die sich schnell von einer »Arbeitskameradin« zur »Lebenskameradin« entwickelte. Von Anfang an habe dieser »große, kleine Mensch« die Kompetenz einer »fertigen Chefin« besessen.

Die Ehe von Lennart Bernadotte und seiner ersten Frau Karin Nissvandt war zu dieser Zeit bereits aus den Fugen. Die Lebensvorstellungen der beiden – so schildert es Biografin Gunna Wendt – entwickelten sich konträr. Während Graf Lennart seinen öffentlichen Verpflichtungen gut und gerne nachkam, zog sich die menschenscheue Karin zunehmend zurück, konzentrierte sich auf ihre vier Kinder und brachte den Unternehmungen ihres Mannes immer weniger Interesse entgegen. Im Jahr 1971 ließen sich die beiden einvernehmlich scheiden.

Am 29. April 1972 heirateten Sonja Haunz und Lennart Graf Bernadotte in seinem Büro auf der Mainau. Eine Woche später fand der traditionelle Insel-Frühlingsball statt; dort wurde die frischgebackene Gräfin Sonja erstmals öffentlich vorgestellt.

Ab sofort begann ein neues Leben für sie. Zwar galt sie zunächst weiterhin als Graf Lennarts Assistentin, doch fortan sprach er alle wichtigen Entscheidungen mit ihr ab. Als neues Gesicht der Insel Mainau musste Sonja lernen, sich durchzusetzen. Gegenüber den Mitarbeitern. Gegenüber Männern, die sich mit Frauen in leitenden Positionen nicht auskannten. Und gegenüber der Presse, die über die junge Gräfin im alten Barockschloss hauptsächlich märchenhaft Romantisches, aber nur wenig über ihre Arbeit für die Mainau berichten wollte.

Um Erbstreitigkeiten mit Lennarts Kindern aus erster Ehe und eine drohende Aufteilung der Mainau zu verhindern, wurde das gesamte Eiland im Jahr 1974 in eine Stiftung überführt. Auf diese Weise konnte die Zukunft der Blumeninsel als historischer Park, Touristenattraktion und Kulturstätte gesichert werden.

Unter Gräfin Sonjas zupackender Regie blühte die Mainau ganz neu auf. Sonjas oberstes Ziel: Menschen den Umgang mit der Natur nahezubringen, ihr ökologisches Bewusstsein zu stärken. Sie richtete ein »Grünes Telefon« für Hobbygärtner ein und startete das Integrationsprogramm »Gärtnern für alle«. Ein riesiger Palmenpavillon entstand auf der Mainau, ein Abenteuerspielplatz, ein Schmetterlingshaus. Der Schlosspark mit seinen jahrhundertealten Bäumen wurde gelichtet, blieb jedoch weiterhin das Herzstück der Blumeninsel.

Bei aller Naturliebe war Sonja Gräfin Bernadotte alles andere als eine verträumte Romantikerin. Das Kaufmännische behielt sie stets im Blick, vor allem, wenn wirtschaftliche Sorgen und Probleme auftauchten. Bis heute kommen etwa 1,2 Millionen Besucher jährlich auf die Insel. In schlechteren Zeiten mussten Sparprogramme gefahren, auch mal Personal entlassen werden.

Ab 1981 leitete Gräfin Sonja die Geschicke der Insel offiziell gemeinsam mit ihrem Mann, 2001 wurde sie alleinige Geschäftsführerin der Mainau GmbH. Einrichtungen, die Graf Lennart angestoßen hatte, etwa die jährlichen Nobelpreisträgertagungen in Lindau, führte sie weiter.

Ihr Engagement für Natur und Kultur brachten Gräfin Sonja zahlreiche Preise und Ehrungen ein, darunter das Bundesverdienstkreuz 1. Klasse oder die Auszeichnung zur Ökomanagerin des Jahres 2002.

Dazu kamen die insgesamt fünf Kinder des Paares: Bettina, Björn, Catherina, Christian und Diana. Mit Organisationstalent, Liebe, Verständnis, aber auch Strenge bewältigte Sonja den Spagat zwischen Unternehmertum, Repräsentation, Ehrenämtern und Familie. Ihre Kinder sollten so normal wie möglich aufwachsen, und sie selbst wollte sich zwischen ihren vielen Verpflichtungen nicht verlieren. In der Biografie »Gräfin Sonja Bernadotte« erinnert sie sich, »wahrhaftig« geblieben zu sein, sich bei der »Erziehungsarbeit« nicht »verbogen« zu haben.

Im Jahr 1995 dann die folgenschwere Diagnose: Sonja Bernadotte war an Brustkrebs erkrankt. Die aktive, energiegeladene Frau musste sich eine monatelange Pause gönnen und sich mit dem Gedanken abfinden, dass sie möglicherweise bald sterben würde. Laut ihrer Biografin tröstete sie sich damit, viel bewegt zu haben, dies reiche im Prinzip »für drei Leben«. Deprimierend hingegen fand sie den Gedanken, vorzeitig von ihrem Mann Abschied nehmen zu müssen.

Dann war es doch Lennart Bernadotte, der als Erster verstarb. Am 21. Dezember 2004 schied der Graf mit 95 Jahren aus dem Leben. »Seine Werke zeigen, was er wollte«, schrieben Sonja und die Kinder in die Traueranzeige zu ihrem geliebten Ehemann, Vater und Seniorchef der Mainau.

Nun kam die Zeit für die mittlerweile 30-jährige Tochter Bettina, Verantwortung für die Mainau zu übernehmen. Sie, die älteste Tochter und studierte Tourismus-Betriebswirtin, arbeitete bereits als persönliche Assistentin ihrer Mutter. Als Sonja kurz nach dem Tod ihres Mannes eine monatelange Auszeit benötigte, übernahm Bettina in dieser Zeit die Leitung der Insel. Drei Jahre später machte Sonja ihre Tochter offiziell zur Geschäftsführerin des größten Tourismusbetriebs am Bodensee und damit zur neuen Inselherrin.

Ihre letzten Tage verbrachte Sonja Gräfin Bernadotte in einer Freiburger Klinik, wo sie am 21. Oktober 2008 im Alter von 64 Jahren an Brustkrebs starb. Zu ihrer Beisetzung kamen rund 200 Prominente aus Politik, Medien, Wirtschaft und Adel auf die Blumeninsel. In der Gruft der Schlosskirche wurde Gräfin Sonja neben ihren Eltern und ihrem Mann Graf Lennart begraben.

Literatur:

GUNNA WENDT: Gräfin Sonja Bernadotte – ein Porträt. Düsseldorf, Droste 2004.

LENNART BERNADOTTE: Ein Leben für die Mainau. Konstanz, Stadler 1996.

Sehenswert

Die Mainau zählt zu den beliebtesten Ausflugsorten am Bodensee. Neben vielfältigen Naturerlebnissen und einer großen Bandbreite an Gastronomie bietet die Insel auch kulturelle Veranstaltungen, Konzerte und Seminare. Das Blumenparadies im Bodensee ist von Sonnenaufgang bis Sonnenuntergang geöffnet und kann zu jeder Jahreszeit besichtigt werden. Weitere Informationen: www.mainau.de

Blumeninsel Mainau (Insel Mainau/Peter Allgaier)

Aleida Assmann

Kulturwissenschaftlerin zwischen Forschung und Familie

22. März 1947

Aleida Assmann in ihrem Büro an der Universität Konstanz. (Universität Konstanz)

Nahe Bielefeld wurde Aleida in ein akademisches Elternhaus geboren: Ihr Vater, Günther Bornkamm, war ein renommierter evangelischer Theologe. Ihre Mutter Elisabeth Zinn besaß einen Doktorabschluss im Fach Theologie. Konnte Latein, Griechisch, Hebräisch, blieb jedoch – wie in den 50er-Jahren üblich – bei Aleida und den vier Geschwistern zu Hause. Dabei ließ sie es sich nicht nehmen, die wissenschaftlichen Themen, an denen ihr Ehemann arbeitete, mit ihm zu diskutieren.

Tochter Aleida besuchte derweil ein Privatgymnasium. 1966 begann sie, in Heidelberg Anglistik zu studieren. Dort lernte sie den Archäologen und Ägyptologen Jan Assmann kennen, den sie mit gerade mal 21 Jahren heiratete. Wie ihrer Mutter war es auch Aleida wichtig, sich im Forschungsbereich ihres Mannes auszukennen, ihm eine gute Gesprächspartnerin zu sein. So nahm sie zusätzlich ein Ägyptologiestudium auf, das sie neben der Anglistik mit Auszeichnung abschloss. Danach reiste Aleida nach Luxor und Gurna in Oberägypten, wo sie sich an Grabungsarbeiten beteiligte und mit ihrem Ehemann archäologische Forschungsprojekte durchführte.

Im Jahr 1976 wurde Aleida Assmann erstmals Mutter. Zu einer Zeit, in der es westdeutschen Frauen in der Regel noch schwer gemacht wurde, Kind und Beruf unter einen Hut zu bringen. Gerade hatte sie eine Vertretungsstelle am Englischen Seminar der Uni Mannheim angenommen, da wurde sie erneut schwanger. In einem »Zeit«-Interview erinnert sich Aleida Assmann, dass sie das Telefongespräch mit dem Vorgesetzten wie eine »Beichte« empfunden habe.

Eine Woche nach der Geburt des zweiten Kindes gab Aleida Assmann bereits wieder ein Seminar. Fuhr heimlich zum Stillen nach Hause, um die Arbeitskollegen nicht mit ihren Problemen zu behelligen: Das Doppelleben als Akademikerin und Mutter war höchst kompliziert und erforderte eiserne Disziplin.

Trotz aller Widrigkeiten beendete Aleida Assmann 1977 in Heidelberg ihre Anglistik-Dissertation. Ihre Prüfung in Ägyptologie legte sie in Tübingen ab; Ehemann Jan war in Heidelberg mittlerweile Professor geworden.

Dann aber besann sich die frischgebackene Frau Doktor auf die Ideale ihrer Mutter. Bekam insgesamt fünf Kinder und blieb zwölf Jahre lang mit ihnen zu Hause. Auf ihr geistiges Leben wollte sie trotzdem nicht verzichten. Beim Stillen las sie, nach dem Bügeln notierte sie Gedanken und Ideen. Holte sich intellektuellen Austausch, wo sie nur konnte: bei Bekannten, ihren Freunden, ihrem Mann.

Das Ehepaar ergänzte sich prima: Aleidas Fach war die moderne englische Literatur, während Jan für die Antike zuständig war – so zumindest die Theorie. In der Praxis kannten sich beide im jeweiligen Spezialgebiet des Partners hervorragend aus. Schließlich – so erinnert sich Aleida Assmann im »Zeit«-Interview – begann ihr Mann, auch über ihre Themen zu referieren. Daraufhin setzte sie durch, ebenfalls zu Tagungen eingeladen zu werden. Hielt eigene Vorträge und bekam eine Assistentenstelle an der Konstanzer Universität. 1992 habilitierte sie sich in Heidelberg, bereits ein Jahr später wurde sie Professorin für Anglistik und Allgemeine Literaturwissenschaft in Konstanz.

Anfang der 90er-Jahre sorgten Frauen in leitenden Positionen bei Männern an der Universität noch für Unsicherheit. Immer wieder kam es vor, dass Professorinnen von ihren Kollegen nicht einmal gegrüßt wurden. Dahinter steckte keinesfalls Feindseligkeit, erklärt Aleida Assmann im Interview. Vielmehr waren die Herren Professoren peinlich berührt, mit Frauen zusammenzuarbeiten, die weder Studentinnen noch Sekretärinnen waren, sondern ihnen auf Augenhöhe begegneten.

Aleida Assmanns Söhne und Töchter blieben zunächst mit dem Vater und einer Au-Pair-Betreuerin in Heidelberg. Erst zwei Jahre später folgten ihr vier der Kinder an den Bodensee.

Die Kulturwissenschaftlerin Aleida Assmann feierte große Erfolge. Seit den 90er-Jahren forscht sie verstärkt zum Thema »kulturelles Gedächtnis«. Wie gehen Menschen, Nationen mit der eigenen Geschichte um? Woran erinnern sie sich, was wollen sie vergessen? Schreibt sich jede Nation ihre eigene Geschichte? Berücksichtigt sie dabei die Perspektive benachbarter Länder? Könnte gemeinsames Erinnern für Frieden sorgen?

Stets nahm sich Aleida Assmann die Freiheit, den akademischen Elfenbeinturm zu verlassen, auch politisch in öffentliche Debatten einzugreifen. Ideologisches ist ihr fremd, lieber bleibt sie aktuell: Der Traum von Europa, die Menschenrechte sind ihr ein Anliegen. Und die Erinnerung an das Kriegsende am 8. Mai 1945, Tag der Befreiung Deutschlands von der NS-Diktatur. Für Aleida Assmann ist dieser Tag ein wichtiges Datum und eine gute Gelegenheit für alle Europäer, zusammenzukommen, um aus den Erfahrungen und bewahrten Erinnerungen der einzelnen Länder und Staaten eine gemeinsame Vision für die Zukunft zu entwickeln.

Von der Universität Konstanz zog Aleida Assmann aus in die Welt. 2001 nahm sie eine Gastprofessur an der Princeton University im US-Bundesstaat New Jersey an, später in Houston, New Haven, Chicago und Wien. Für ihre Arbeiten erhielt sie zahlreiche Preise und Auszeichnungen, etwa die Ehrendoktorwürde der Universität Oslo (2008) oder den niederländischen A.H.-Heineken-Preis für Geschichte (2014). Im Jahr 2018 wurde ihr und ihrem Ehemann der Friedenspreis des Deutschen Buchhandels zugesprochen; 2020 erkor man das Paar zu Mitgliedern im Orden Pour le Mérite. Mittlerweile gilt Aleida Assmann als eine der einflussreichsten Intellektuellen Deutschlands; gemeinsam mit ihrem Mann hat sie die deutsche Erinnerungskultur entscheidend geprägt.

Die inzwischen erwachsenen Kinder der Assmanns haben mit Kulturwissenschaft weniger am Hut. Alle fünf sind beruflich beim Film und in den neuen Medien unterwegs – und eröffnen ihren Eltern damit ganz neue Perspektiven. 2014 drehte Familie Assmann den Dokumentarfilm »Anfang aus dem Ende«. Darin geht es um Flakhelfer im Zweiten Weltkrieg. Aleida führte Regie, ihre Kinder übernahmen Produktion, Schnitt und Grafik – und Ehemann Jan sorgte für die Musik.

Auch in diesem gemeinsamen Film steht das Erinnern im Zentrum. Wer für ein Thema brennt, so das Credo der Kulturwissenschaftlerin Aleida Assmann, findet immer und überall eine Gelegenheit, daran zu arbeiten.

Literatur:

Johannes Gernert und Friederike Gräff im Gespräch mit Aleida Assmann und Christiane Nüsslein-Vollhard. In: »Die Zeit«, 10.07.2018.

Nadja Encke: Die Erinnerungsexpertin: Aleida Assmann – Literatur- und Kulturwissenschaftlerin. Goethe-Institut, Dezember 2007.

Susanne Iden: Kann Erinnern Frieden schaffen – Interview mit Aleida Assmann. In: »Die Welt«, 5.10.2018.

Aleida Assmann: Das neue Unbehagen an der Erinnerungskultur. München, C.H. Beck 2013.

Aleida Assmann: Menschenrechte und Menschenpflichten. Schlüsselbegriffe für eine humane Gesellschaft. Wien, Picus 2018.

Aleida Assmann: Der europäische Traum. Vier Lehren aus der Geschichte. München, C.H. Beck 2018.

Sehenswert

Baulicher Hingucker: das Glasdach im Eingangsbereich der Universität Konstanz. (Ralf Staiger)

Die 1966 gegründete Universität Konstanz, Aleida Assmanns Heimatuniversität, kann mit mehreren Superlativen aufwarten. Sie ist die erste deutsche Reformuniversität und die südlichste Uni Deutschlands. Ihre öffentlich zugängliche Mensa bietet an guten Tagen einen wunderschönen Blick auf die Insel Mainau und die Alpen. Sehenswert ist auch die ungewöhnliche Architektur der Campus-Gebäude, zum Beispiel das bunte Pyramidenglasdach im Eingangsbereich. Weitere Informationen: www.uni-konstanz.de

Gretel Dietrich-Schopen

Gründerin der »Bodensee-Kunstschule«

22. Juni 1903 – 16. Februar 1999

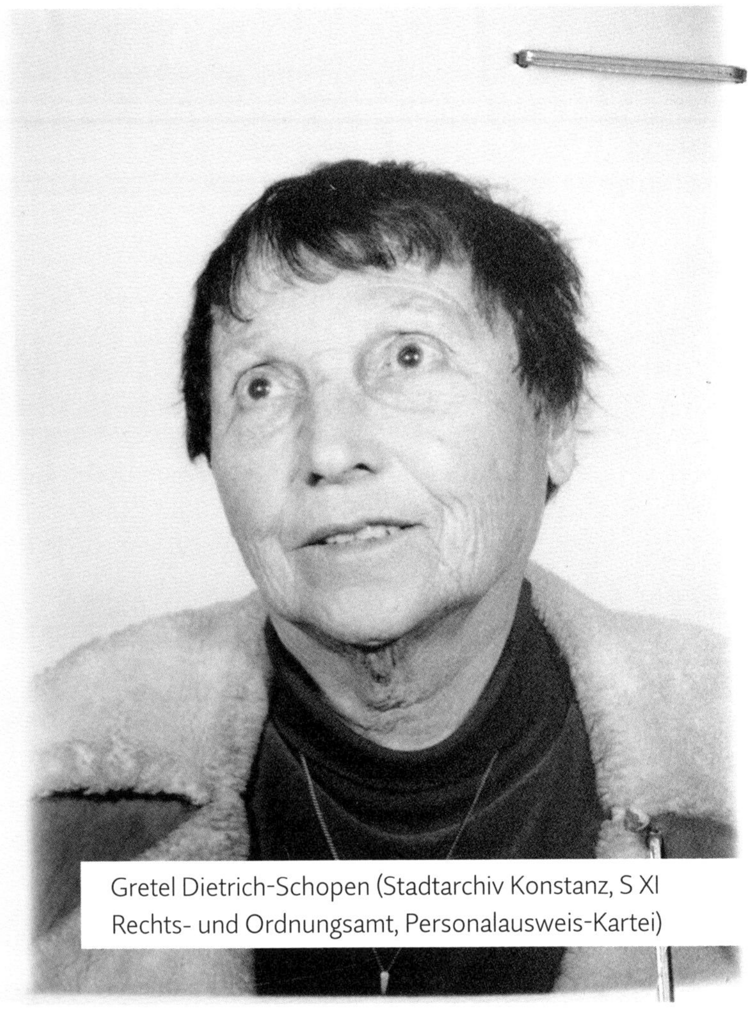

Gretel Dietrich-Schopen (Stadtarchiv Konstanz, S XI Rechts- und Ordnungsamt, Personalausweis-Kartei)

Die Villa Prym an der Konstanzer Seestraße ist ein Ort mit Geschichte. Einst war sie Sommerwohnsitz des Knopffabrikanten Gustav Prym; er ließ das noch heute so prächtige Fresko an der Fassade anbringen. Später wurde die Villa zum Haus der Kunst und des Designs: Mit beinahe 60 Jahren, also in einem Lebensalter, in dem andere bereits an Rente denken, gründete die Künstlerin Gretel Dietrich-Schopen mit ihrem Ehemann Paul Dietrich hier eine »Werkkunstschule für Grafik und Grafik-Design«. Wer in diesem Haus studieren durfte, hatte das große Los gezogen: Blick auf den Säntis, den Bodensee, die Konstanzer Bucht, verbunden mit einer hervorragenden Ausbildung in kleinem Kreis. Viele erfolgreiche Absolventen machten die Schule bekannt. Damit hatte sich Gretel einen langjährigen Traum erfüllt.

Die 1903 in Wiesbaden geborene Gretel Schopen galt von Kindesbeinen an als vielseitig talentiert. Nach einer Schultheater-Aufführung trat der Leiter einer Schauspielschule zu Gretels Eltern mit dem dringenden Rat, aus Gretel eine Bühnenkünstlerin zu machen. Hochmusikalisch war Gretel außerdem, sang im Schulchor, verfügte über das absolute Gehör. Musik solle sie studieren, so wünschte es sich zumindest der Chorleiter.

Weder zum Schauspiel noch zur Musik kam Gretel, denn sie hatte noch weitere Talente in petto. In ihrem Leben brachte sie es auf drei abgeschlossene Berufsausbildungen, was für eine Frau ihrer Zeit höchst unüblich war. Nach der Mittleren Reife schickte ihr Vater sie auf die Höhere Handelsschule. Einen vernünftigen Beruf sollte sie lernen, darum absolvierte sie zunächst eine grundsolide kaufmännische Lehre.

Nach wenigen Jahren aber wünschte sich Gretel einen Karrierewechsel. Sie schrieb sich an der Wiesbadener Kunstgewerbeschule ein und lernte professionelles Zeichnen, Malen, Plakatgrafik, Fotografie, textiles Gestalten. Schnell spürte sie: In dieser Fülle künstlerischer Möglichkeiten war sie in ihrem Element. Nach vier Jahren hatte sie ihre Abschlussprüfung in der Tasche.

Dabei wollte Gretel Schopen nicht bloß künstlerisch tätig sein, sondern ihr Können auch an andere weitergeben. So begann sie mit einer dritten Berufsausbildung, diesmal zur Lehrerin. Das Problem: Sie musste das Abitur nachholen. Mit Disziplin, Dynamik und Durchhaltevermögen schaffte Gretel das geforderte Dreijahres-Pensum in nur einem Jahr. Danach erhielt sie einen Studienplatz am Staatlichen Pädagogischen Institut in Berlin. Die dortigen Lehrpläne und Dozenten begeisterten und inspirierten sie durchweg bis zum Staatsexamen. Anschließend wurde Gretel als Lehrerin nach Frankfurt an die Höhere Fachschule für Frauenberufe geschickt. Ihre dortigen Schwerpunktfächer: Kunstbetrachtung und Gestaltungslehre.

Gretel Schopen war eine gute und gewissenhafte Lehrerin. Da ihr der Lehrplan viel Raum ließ, konnte sie eigene Vorstellungen umsetzen. Vor allem im Fach Gestaltungslehre stellte sie unverwechselbare Regeln auf, die für die Schülerinnen verständlich und gut nachvollziehbar sein sollten. Vielleicht ein wenig zu gut: Anlässlich einer Ausstellung soll sich ein Professor über das ungewöhnlich hohe fachliche Niveau der Studentinnen mokiert haben – in seinen Augen war es wohl eine Provokation, dass sich auch Frauen beruflich auszeichnen konnten.

Zu Zeiten der NS-Diktatur lagen die Prioritäten ohnehin anderswo: Da Gretel sich weigerte, in die Partei einzutreten, drohte ihr im Jahr 1943 eine Strafversetzung nach Polen. Dann aber hatte sie Glück im Unglück und wurde künstlerische Leiterin der Stickereifachschule im schlesischen Bad Reinerz, heute Duszniki-Zdrój in Polen. Die dortige Ausbildung bestand größtenteils aus monotonem Nachsticken von Mustern, doch Gretel war es wichtig, auch an dieser Schule schöpferische Impulse zu setzen. Dafür blieb ihr allerdings wenig Zeit: Die Ostfront kam näher, die Schule musste geschlossen werden.

Vorübergehend arbeitete Gretel Schopen im Bad Reinerzer Rathaus als Telefonistin, hörte heimlich »Feindsender«, was bekanntlich lebensgefährlich war. Kurz vor Eintreffen der Ostfront schaffte sie es zurück in den Westen Deutschlands.

1946 kam sie erneut an ihrer alten Frankfurter Schule als Lehrerin unter. Die Bedingungen dort waren schwierig. In schlecht geheizten Räumen mussten Lehrerin und Schülerinnen mit wenig Arbeitsmaterial zurechtkommen. Doch Gretel Schopen improvisierte: In Ermangelung von Büchern nutzte sie kleine Sammelbildchen als Anschauungsmaterial für den Kunstunterricht.

Mit 45 Jahren heiratete Gretel den Illustrator und Grafikprofessor Paul Dietrich, dessen Interessen ausgezeichnet zu ihren eigenen passten. Freischaffend lebte das Paar von nun an am Bodensee und gestaltete Bücher, Plakate, Ausstellungen. Zuvor hatte sich Gretel aus dem staatlichen Schuldienst verabschiedet. Ihre Frankfurter Direktorin wollte die tüchtige Lehrerin nicht ganz aus den Augen verlieren und bat Gretel, ihr Können und Wissen in einem Gestaltungslehrbuch zusammenzufassen. Unter dem Titel »Gestaltendes Sticken« erschien das Werk 1959 mit eigens von Gretel kreiertem Layout. Ihre – so der Untertitel – »praktischen und methodischen Anregungen für Schule und Selbstunterricht« gerieten zum Erfolg. Das Buch wurde von mehreren Kultusministern empfohlen und trug Gretel Dietrich-Schopen sogar eine Gastdozentur an der Hamburger Hochschule für Lehrerfortbildung ein.

Ende der 50er-Jahre schmiedete das Ehepaar Dietrich längst Pläne zu einer eigenen Schule für Gebrauchsgrafiker. 1962 war es dann so weit: Gretel und Paul Dietrich gründeten die Schule, die bald als »Bodensee-Kunstschule« bekannt werden sollte. Zunächst begann der Lehrbetrieb mit 21 Studenten in den Räumen der Konstanzer Gewerbeschule. Drei Jahre später zog die Einrichtung in die Villa Prym, wo fortan 63 Studienplätze zur Verfügung standen.

Ungewöhnliche Fächer wurden dort unterrichtet, etwa »Malen nach Musik«, außerdem freie und angewandte Kunst, Architektur und Fotografie. Besonders am Herzen lag Gretel Dietrich-Schopen nach wie vor die Gestaltungslehre, mit der sie Studierende zur künstlerischen Selbstfindung ermutigte.

Ihren Schützlingen stand Gretel stets mit Rat und Tat zur Seite, nicht nur im Unterricht, sondern auch bei privaten Problemen. Noch heute – so der ehemalige Konstanzer Oberbürgermeister Horst Eickmeyer in einer Festrede – erinnern sich die Absolventen gerne an ihre »lehrreichen und menschenfreundlichen Jahre« an der Bodensee-Kunstschule. Die Design-Ausbildung bei den Dietrichs galt als renommiert; zahlreiche Künstler, Grafiker und Gestalter haben sie durchlaufen, die später sehr erfolgreich wurden.

Allerdings gelang es Gretel und Paul Dietrich nicht, Nachfolger für ihre Schule zu finden, als sie Ende der 70er-Jahre in den wohlverdienten Ruhestand treten wollten. So wandten sie sich an die Konstanzer Fachhochschule, mit Erfolg. 1985 wurde die Bodensee-Kunstschule – an der rund 250 Studierende inzwischen ihren Abschluss gemacht hatten – als »Institut für Kommunikationsdesign« in die FH Konstanz integriert.

Ruhm und Ehre gab es obendrein: Am 24. Januar 1988 wurde dem

Ehepaar Schopen für ihr Lebenswerk das Bundesverdienstkreuz verliehen. Drei Jahre zuvor hatte sich Gretel aus ihrem aktiven Berufsleben verabschiedet. Etwas Zeit blieb ihr im Ruhestand noch vergönnt. 1999 starb Gretel Dietrich-Schopen mit knapp 96 Jahren.

Literatur:

Horst Eickmeyer: Festrede zur Verleihung des Bundesverdienstkreuzes an Herrn Prof. Paul Dietrich und Frau Gretel Dietrich-Schopen am 24. Januar 1988. Sonderdruck des Kunstvereins Konstanz. Konstanz, 1988.

Marie-Theres Scheffczyk: Laudatio für Gretel Dietrich-Schopen. Konstanz, 1988.

Gretel Dietrich-Schopen: Gestaltendes Sticken: praktische und methodische Anregungen für Schule und Selbstunterricht. Frankfurt, Diesterweg 1967.

Sehenswert

Im Erdgeschoss der Villa Prym ist heute der Konstanzer Yachtclub beheimatet. In den oberen Räumlichkeiten können regelmäßig Kunst- und Fotoausstellungen besichtigt werden.
Weitere Informationen: www.villaprym.com

Villa Prym, die einstige Bodensee-Kunstschule (Ralf Staiger)

Ilse Schneider-Lengyel

Exzentrische Fotografin, Ethnologin und Dichterin

10. Januar 1903 – 3. Dezember 1972

Der gebürtigen Münchnerin Ilse Schneider war es vergönnt, in einer hochgebildeten, wohlhabenden Familie aufzuwachsen. Vater Felix, Privatdozent und bayerisch-königlicher Oberforstmeister, und die hamburgische Mutter Anna von Koch waren liberale, aufgeschlossene und modern denkende Bürger. Statt der damals typischen einseitigen Mädchenerziehung wollten sie der Tochter eine allgemeine Schulbildung ermöglichen.

So verbrachte Ilse Schneider die Zeit des Ersten Weltkriegs in einem Augsburger Internat. Lernte Englisch, Französisch, Italienisch und erwarb mit ihrer Abschlussprüfung auch das Recht, Vorlesungen an der Universität zu hören.

Die bildende Kunst hatte es ihr zunächst angetan, folgerichtig strebte Ilse nach Paris, damals Zentrum der neuen Avantgarde-Malerei. Sie belegte Kurse an der renommierten Kunstakademie »Grande Chaumière«. Ende der 20er-Jahre kehrte sie nach München zurück. An der Ludwig-Maximilians-Universität studierte sie Kunstgeschichte. Außerdem ließ sie sich an der »Bayerischen Staatslehranstalt für Photographie« zur Fotografin ausbilden.

Doch es hielt sie nicht lange im vergleichsweise konservativ geprägten München. Ilse zog nach Berlin. Beendete dort ihre Fotografenausbildung, entwickelte dabei eine eigene, charakteristische Bildsprache. Wurde zur glühenden Bauhaus-Anhängerin. An der Universität besuchte sie Vorlesungen im Fach Ethnologie. Damals interessierte sich die künstlerische Avantgarde besonders für die Kunst indigener Kulturen. Diese Faszination für sogenannte »Naturvölker« wurde Ilse Schneider zur wichtigen Grundlage für ihr späteres Werk. Ab 1930 arbeitete sie als Kunsthistorikerin und Ethnologin. Fotografierte Gebäude, Kunstwerke, Menschen. In München eröffnete sie zudem ein eigenes Studio für Gebrauchsgrafik.

Ilse Schneider-Lengyel (Bayerische Staatsbibliothek München/Bildarchiv)

Die Berliner Jahre waren prägend für die vielseitige junge Frau gewesen. Dort hatte sie auch ihren zukünftigen Ehemann kennengelernt, den ungarischen Architekten und Maler László Lengyel. Ihn heiratete sie im Jahr 1933.

Anno 1934 veröffentlichte Ilse Schneider-Lengyel beim renommierten Piper-Verlag ihr erstes Buch, den Foto-Essayband »Die Welt der Maske«, mit eigenen Bildern und Texten auf Deutsch, Englisch und Französisch. In zahlreichen deutschen Völkerkundemuseen hatte sie Masken aus unterschiedlichen Kulturen und Zeiten fotografiert, auch in privaten Sammlungen in München, Paris und Lugano. Ein erstaunliches Debüt in einem Metier, das damals noch ganz und gar von Männern dominiert wurde!

Zu dieser Zeit hatte sich das Klima in Deutschland bereits geändert; die Nationalsozialisten waren unaufhaltsam auf dem Vormarsch. Die Beschäftigung mit indigenen und außereuropäischen Kulturen brach unvermittelt ab, weitere Veröffentlichungen zu diesem Thema blieben aus. Damit geriet Ilse Schneider-Lengyels Fotobuch in Deutschland unbeabsichtigt zu einem historischen Endpunkt.

Sie selbst musste mit ihrem Mann noch im selben Jahr emigrieren – wegen seiner jüdischen Herkunft. Nach Umwegen über Ungarn und Rumänien landete das Paar schließlich in Paris. László erhielt dort keine Arbeitserlaubnis. Mit Übersetzungen und Buchprojekten hielt Ilse Schneider-Lengyel sich und ihren Ehemann über Wasser.

In den 30er- und 40er-Jahren erschienen insgesamt 13 Bildbände und Kunstführer mit Fotografien und Texten von Ilse Schneider-Lengyel. Bücher wie »L'Art italien«, herausgegeben von einem Pariser Verlag, oder das in Deutschland veröffentlichte »Gesicht des deutschen Mittelalters«. 1937 gewann sie den Grand Prix für Porträtfotografie in Paris. Ihre Fotoreisen führten Ilse nach Italien, gelegentlich auch zurück nach Deutschland. Zu dieser Zeit versuchte sie sich erstmals an lyrischen Texten.

Mit dem Einmarsch der deutschen Truppen in Frankreich begannen harte Zeiten für Ilse und László, geprägt von Verfolgung und finanziellen Schwierigkeiten. Das Paar ließ sich schließlich scheiden. Nach Ende des Zweiten Weltkriegs kehrte Ilse Schneider-Lengyel alleine zurück nach Deutschland. Durch Nationalsozialismus, Krieg und Exil sah sie ihre Karriere als Kunsthistorikerin zerstört.

1945 erbte Ilse Schneider-Lengyel von ihrem Vater ein gewaltiges Anwesen bei Füssen im Allgäu: den Bannwaldsee, dazu ein Haus am Ufer. Das Gebäude, ursprünglich eine Fischerhütte, war später zum Wohnhaus umgebaut worden. Hier lebte und arbeitete Ilse, wenn sie nicht auf Reisen war.

Der konservativen Landbevölkerung ringsum war »die Hex' vom Bannwaldsee« eher suspekt. Progressiv und intelligent, wie Ilse war, lebte sie für die damalige Zeit absonderlich. Pflegte Männerbekanntschaften, fuhr Motorrad, trug Hosen, Ponchos, auffälligen Schmuck, offenes Haar, rot lackierte Fingernägel.

Neben ihren Fotografien veröffentlichte Ilse Schneider-Lengyel surrealistische Texte in Literaturzeitschriften, schrieb Essays und Kritiken. Für die Süddeutsche Zeitung berichtete sie über das Kulturleben im Paris der Nachkriegsjahre.

Im September 1947 lud Ilse 17 Literaten für ein Wochenende zu sich an den Bannwaldsee ein. Der Schriftsteller Hans Werner Richter, den sie über die Arbeit an Literaturzeitschriften kennengelernt hatte, rief zu der Zusammenkunft auf. Autoren wie Wolfdietrich Schnurre, Nicolaus Sombart oder Wolfgang Bächler fanden sich am Bannwaldsee ein. Bis heute gilt das Treffen bei Ilse Schneider-Lengyel als Geburtsstunde der berühmten »Gruppe 47«.

In den knappen Nachkriegsjahren war Improvisationstalent wichtig, beispielsweise sollte jeder Autor Lebensmittelmarken, Frühstück oder Bettwäsche selbst mitbringen. Zum Abendbrot gab es von Ilse frisch gefangenen Hecht aus dem See; danach las man einander Texte vor.

Ilse Schneider-Lengyel hatte es schwer in dieser Gruppe. Ihre Werke unterschieden sich gründlich von denen der übrigen Mitglieder. Die Texte ihrer männlichen Kollegen – die meisten unter ihnen ehemalige Soldaten – waren streng realistisch und handelten von Kriegserfahrung, Gefangenschaft, Heimkehr. Ilse Schneider-Lengyels Perspektive hingegen war die einer Weltbürgerin; ihre Gedichte wirkten rätselhaft und verwirrend auf die anderen Literaten, obwohl man ihre Werke durchaus als kraftvoll und dichterisch schön empfand. Ihre avantgardistischen Texte passten nicht ins literarische Konzept der Gruppe. Statt Ilse als Schriftstellerin anzuerkennen, reduzierte manch ein Mitglied sie auf weibliche Klischees, würdigte ihr gutes Aussehen, ihren exotischen Kleidungsstil und ihre Rolle als Gastgeberin.

Obwohl Ilse Schneider-Lengyel in der »Gruppe 47« also grundsätzlich auf Unverständnis stieß, blieb sie bis zum Jahr 1950 als einzige Frau dort aktiv, in der vergeblichen Hoffnung, als Autorin doch noch Fuß fassen zu können. Zwar veröffentlichte sie 1952 ihren Gedichtband »septemberphase«, um weitere literarische Publikationen bemühte sie sich danach aber vergeblich. Ein letztes Mal nahm sie 1957 an einem Treffen der »Gruppe 47« teil. Darüber hinaus suchte sie Rat bei Schriftstellern wie Paul Celan, Arno Schmidt oder André Malraux.

Vermehrt arbeitete Schneider-Lengyel nun für den Rundfunk. Ihre Erfahrungen als Ethnologin und Kunsthistorikerin waren dort willkommen. 1957 reiste Ilse nach Syrien und in den Irak. Ein Jahr später verkaufte sie ihr Bannwaldsee-Grundstück, behielt aber ein lebenslanges Wohnrecht im Haus, wo sie die Sommer verbrachte. In diesen Jahren schrieb Ilse Schneider-Lengyel sehr viel. Aus der Öffentlichkeit zog sie sich zunehmend zurück.

Während der Fasnacht 1969 fuhr Ilse Schneider-Lengyel mit einem jungen Bekannten an den Bodensee. Vermutlich wurde sie von ihm aus dem Auto gestoßen, jedenfalls fand man sie zerlumpt und verwirrt in Konstanz auf der Straße. Sie kam ins psychiatrische Landeskrankenhaus Reichenau, wo sie die letzten Jahre ihres Lebens verbrachte und im Dezember 1972 mit 69 Jahren schwer krank verstarb.

Nach Ilse Schneider-Lengyels Tod gerieten ihre Werke weitgehend in Vergessenheit. In den 90er-Jahren jedoch fand man ihren Nachlass im bayerischen Staatsarchiv: Manuskripte, Fotos, Briefe. Literaturwissenschaftler und Schriftsteller arbeiteten das Material auf und machten es publik. Damit wurde Leben und Werk der außergewöhnlichen Künstlerin endlich die wohlverdiente Würdigung zuteil.

Literatur:

PETER BRAUN: Ilse Schneider-Lengyel: Fotografin, Ethnologin, Dichterin. Ein Porträt. Göttingen, Wallstein 2019.

WIEBKE LUNDIUS: Die Frauen in der Gruppe 47: Zur Bedeutung der Frauen für die Positionierung der Gruppe 47 im literarischen Feld. Basel/Berlin, Schwabe 2017.

KLAUS-PETER MAYR: Die Hex' vom Bannwaldsee. Porträt Ilse Schneider-Lengyel. In: Füssener Zeitung, 9.09.2017.

Alfons Maria Arns und Heike Drummer: Ich bin als Rebell geboren: Ilse Schneider-Lengyel. Fotografin, Kunsthistorikerin, Ethnologin, Dichterin … und die Gruppe 47 in Schwangau. Gemeinde Schwangau, 2017.

Ilse Schneider-Lengyel: Die Welt der Maske. München: Piper 1934.

Ilse Schneider-Lengyel: september-phase. Frankfurt, Frankfurter Verlagsanstalt 1952.

Sehenswert

Das weitläufige Klinikgelände des heutigen Zentrums für Psychiatrie Reichenau ist begehbar. Vor dem Haus 20 erinnert ein Mahnmal an Abtransporte und Morde an Patienten der badischen »Heil- und Pflegeanstalt bei Konstanz« zur Zeit des Nationalsozialismus.

Psychiatrisches Landeskrankenhaus Reichenau: Hier verbrachte Ilse Schneider-Lengyel ihre letzten Jahre. (Ralf Staiger)

Lilly Braumann-Honsell

Seglerin, Erzählerin, Weltreisende

19. April 1876 – 25. Mai 1954

Sie war die erste Frau, die nachweislich selbst auf dem Bodensee segelte. Bereits in sehr jungen Jahren befuhr Lilly Honsell wagemutig den Untersee – ganz allein mit einer Jolle. Es war ihr Vater, der sie als kleines Mädchen zum Segeln animiert hatte. Auf der Südseite der Insel Reichenau besaß die Familie ein Ferienhaus direkt am Wasser mitsamt kleinem Privathafen.

Die zweite Tochter des Konstanzer Arztes Adolf Honsell und seiner Frau Caroline wurde 1876 als Maria Luise Honsell in Konstanz geboren. In eine gehobene altbadische Sippe, die seit Jahrhunderten am Bodensee fest verwurzelt war. Familienmitglieder hatten Königin Hortense noch persönlich gekannt, standen in gutem Kontakt zur großherzoglichen Familie und anderen Adeligen. Auch zu Schiffen fühlte man sich hingezogen. Ein Onkel von Lilly, der in Bregenz lebte, war beispielsweise Eigentümer der ersten privaten Dampfjacht auf dem See.

In Konstanz ging Lilly zunächst auf die »Töchterschule«, später besuchte sie das Großherzogin-Viktoria-Pensionat in Karlsruhe. Im Fach Deutsch brillierte sie; die Betragensnoten des vorlauten Mädchens hingegen fielen schlecht aus. Dem damaligen weiblichen Schönheitsideal entsprach sie nicht, was ihrem Selbstbewusstsein keinen Abbruch tat. Die sportliche Jugendliche war von eher kräftiger Statur. Ging bei Sturm lieber mit dem Vater segeln, als mit Mutter und Schwester das sichere Dampfschiff zu nehmen. Auf Familienfeiern trug sie Alltagserlebnisse in Gedichtform vor, mit viel Humor und treffendem Spott. Sie war nicht auf den Mund gefallen, besaß Witz und Fantasie; man hörte ihr gerne zu, wenn sie erzählte. Ihr Leben lang sollte sich die »wilde Honselle« ihre für damalige Zeiten befremdliche Impulsivität und ihren Ruf als »enfant terrible« bewahren.

Lilly Braumann-Honsell (Zeichnung von Ralf Staiger)

Zu ihrem Vater hatte Lilly ein besonderes Verhältnis: Nicht genug, dass er ihr Interesse am Segeln oder an politischen Gesprächen weckte (was damals für Frauen als unpassend galt); zu ihrem 18. Geburtstag ließ er einige ihrer Gedichte unter erfundenem Verlagsnamen drucken. Lilly wiederum pflegte ihn nach seiner Krebserkrankung bis zum Tod. Noch in späten Lebensjahren schwärmte sie von seiner Hilfsbereitschaft, seiner Zivilcourage und seiner Selbstironie.

Von Kindesbeinen an liebte Lilly den See. In welcher Form auch immer: gekräuselt, gischtig oder glatt. Im Alter von knapp vier Jahren erlebte sie eine »Seegfrörne«: den komplett vereisten Bodensee. Zwischen Allensbach und der Reichenau überfor der See fast jeden Winter und bot Gelegenheit zum Schlittschuhlaufen.

20-jährig heiratete Lilly den zwölf Jahre älteren Amtsrichter Gustav Waag, auch er entstammte einer vermögenden badischen Familie. Im Jahr 1900 kam der erste Sohn Adolf zur Welt. Dann aber traf Lilly eine alte Jugendliebe wieder, den nationalliberalen Politiker Friedrich Braumann. Kurz entschlossen trennte sie sich von ihrem Mann, erwirkte die Scheidung und durfte sogar ihr Kind behalten.

Am 29. Mai 1909 heiratete sie Braumann. Zog mit ihm nach Magdeburg, später nach Berlin. Ein Jahr nach der Hochzeit kam Sohn Friedrich zur Welt.

Ihr Ehemann – musisch und zugleich unternehmerisch veranlagt – ermutigte Lilly zum Schreiben. 1913 veröffentlichte sie ihr erstes Werk: »Prinzessinnenstündle – Märchen von der Reichenau«. Es sind Gutenachtgeschichten, die sie für die Söhne aufgeschrieben hatte, um ihr eigenes Heimweh nach dem Bodensee im Zaum zu halten. Gelegentlich hielt sie auch Vorträge vor Frauenvereinen.

1919 kehrte Lilly Braumann-Honsell mit ihren Kindern auf die Reichenau zurück. Lebte dort zunächst in einem Haus, das ihr die weitläufige Familie zur Verfügung stellte. Ihr Mann – mittlerweile schwer krebskrank – lag im Konstanzer Lazarett. Täglich ruderte Lilly von der Reichenau hinüber nach Allensbach, um von dort den Zug nach Konstanz zu nehmen. Sie kümmerte sich rührend um ihren Mann. Rasierte ihn, damit er sich nicht im Spiegel sehen musste. Als man ihn kurz vor seinem Tod zum Major befördern wollte, um Lillys anstehende Witwenrente zu verbessern, lehnte sie ab. Sie wollte ihm die Hoffnung auf Genesung nicht nehmen. Doch vergebens: Am 4. März 1919 starb ihr geliebter Friedrich mit nur 45 Jahren an Speiseröhrenkrebs. Statt zur Beerdigung ging die trauernde Witwe allein an den See.

Danach veränderte sich ihr Leben radikal. Aufgewachsen als behütete Arzttochter, nach zwei Ehen mit eigenem Dienstpersonal, lebte Lilly Braumann-Honsell nun von einer mageren Witwenrente von 98 Mark.

Aber sie ließ sich nicht entmutigen, Selbstmitleid war ihr fremd. Ihr älterer Sohn studierte bereits, der jüngere kam als Stipendiat in der Salemer Schloss-Schule unter. Optimistisch und unorthodox führte die nun bald 50-jährige Lilly ein neues, ungebundenes Leben auf der Reichenau. Ihre originellen Hüte mit Schleiern aus Fenstervorhängen sorgten auf Bällen für Aufsehen. Egal was sie tat, ob sie im Dezember noch im See schwamm oder mitten in der Nacht Schlittschuhlaufen ging – ihre wohlanständigen Nachbarn beäugten sie stets misstrauisch. Bekannte und Freunde wiederum bezeichneten Lilly als »gescheites Original«: lebensfreudig, vital, voll Imponierlust.

Trotz ihrer knappen Mittel zog es die unerschrockene Frau nun vermehrt in die Fremde. Meist kam sie bei alten Familienfreunden oder Reisebekanntschaften unter. Um ihrer schlecht beheizten Heimstatt in kalten Wintermonaten zu entfliehen, nahm sie den Zug dritter Klasse nach Italien. Sogar nach Tripolis reiste sie. Zu Zeiten katastrophaler Arbeitslosigkeit ergatterte sie schließlich einen Traumjob als Buchkiosk-Leiterin auf Hapag-Lloyd-Schiffen nach New York. Verdiente genügend Geld, um sich auf dem ehemaligen Feriengrundstück ihrer Eltern auf der Reichenau ein eigenes Haus bauen zu können.

Die Reisen hatten Lilly Braumann-Honsell einen neuen Blick auf ihre Heimat, auf Deutschland und die Welt gewährt. Einen Blick, den sie auch literarisch verarbeitete: 1949 veröffentlichte sie ihr Reisebuch »Vom Bodensee zum Mittelmeer«.

Mit dem nazideutschen Faschismus konnte sich die badische Weltbürgerin ganz und gar nicht anfreunden. Zu Johann Georg Elsers Attentat auf Adolf Hitler 1939 äußerte sie sich zustimmend, wurde prompt denunziert und von der Gestapo ins Gefängnis geworfen. Ein Freund der Familie konnte ihr helfen. Er bezeichnete Lilly als »ungefährlich«, so kam sie einen Tag später wieder frei.

Eine Mitgliedschaft in der Reichsschriftkammer wurde Lilly Braumann-Honsell verweigert, wenigstens landete sie nicht auf der nationalsozialistischen Liste des »schädlichen und unerwünschten Schrifttums«. Der Neudruck ihres 1938 erschienenen Werkes »Kleine Welt – Große Welt: Frauen erleben ein Jahrhundert am Bodensee« wurde dennoch vom Propagandaministerium verboten; erst nach dem Krieg wurde es neu aufgelegt. Das Buch erzählt vom Leben bürgerlicher und adeliger Frauen im 19. Jahrhundert am See. Königin Hortense und ihr Umfeld spielen eine große Rolle, auch die politischen Verhältnisse jener Zeit. Als Inspiration nutzte Lilly den reichen Fundus mündlicher und schriftlicher Überlieferungen ihrer Familie.

Nach Kriegsende, am 17. Mai 1945, musste Lilly Braumann-Honsell ihr Reichenauer Haus für einige Zeit räumen. Die Militärverwaltung befahl allen Bewohnern, die Insel innerhalb von zwei Stunden mit 30 Kilogramm Handgepäck zu verlassen; erst Wochen später durften sie zurückkehren.

Eine zunehmend schmerzhafte Arthrose hatte der beinahe 70-Jährigen das Schwimmen und Segeln längst verleidet. So wandte sich Lilly nun ausschließlich dem Schreiben zu, veröffentlichte fast jedes Jahr ein neues Buch. Bis zum Schluss hielt Lilly Braumann-Honsell auch Lesungen vor Publikum. Manchmal litt sie so stark unter ihrer Arthrose, dass ihre beiden Söhne sie auf die Bühne tragen mussten.

Bis zum Tod blieb sie in ihrem Reichenauer Haus, versorgt von ihrem ältesten Sohn. Sie starb im Mai 1954, wenige Wochen nach ihrem 78. Geburtstag, am Fenster stehend, mit Blick auf den frühlingshaften See. Von dem sich Lilly Braumann-Honsell nicht einmal nach dem Tod trennen musste: Auf ihren letzten Wunsch hin erwirkte die Familie eine Sondergenehmigung, um ihre Asche im Untersee verstreuen zu dürfen.

Literatur:

LILLY BRAUMANN-HONSELL: Kleine Welt – Große Welt: Frauen erleben ein Jahrhundert am Bodensee. Mit einem Nachwort von Ekkehard Faude. Konstanz, Libelle 1981.

Sehenswert

Die Insel Reichenau, Lilly Braumann-Honsells Heimat, liegt mitten im westlichen Bodensee und hat bis heute nichts von ihrer Faszination eingebüßt. Eindrucksvoll sind die drei mittelalterlichen Kirchen. Sie gehörten einst zum Benediktinerkloster Reichenau, mittlerweile zählen sie zum UNESCO-Weltkulturerbe. Dazwischen gedeihen in Gärtnereien, auf Feldern und an Rebhängen Gemüse, Kräuter und Wein.
Weitere Informationen:
www.reichenau-tourismus.de

Heimat der Seglerin Lilly Braumann-Honsell: Blick von der Reichenau über den Gnadensee nach Allensbach. (Ralf Staiger)

Franziska Nisch

Die Selige Ulrika von Hegne

18. September 1882 – 8. Mai 1913

Die Selige Schwester Ulrika von Hegne (Kloster Hegne)

Als uneheliches Kind kam Franziska im oberschwäbischen Mittelbiberach zur Welt. Ihren Eltern Klothilde Dettenrieder und Ulrich Nisch war die Trauung von den Familien zunächst nicht gestattet worden; sie heirateten erst ein Jahr nach Franziskas Geburt. Der mittellose Vater verdingte sich als Rossknecht, später als Bäcker.

Das Mädchen wurde anfangs von der Großmutter und der Patentante erzogen. Mit gut sechs Jahren holten die Eltern Franziska zu sich nach Unterstadion, wo sie mittlerweile ein Häuschen hatten. Dort wuchs »Franzi« mit ihren zahlreichen Geschwistern in großer Armut auf. Zur

Mutter entwickelte sie ein inniges Verhältnis, der strenge Vater hingegen blieb auf Distanz.

In der Volksschule galt Franziska als braves, ruhiges und rundum gutmütiges Wesen. Und sie war beliebt. Wegen ihrer dicken blonden Zöpfe gaben Mitschüler ihr den Spitznamen »Schimmele«.

Bereits in jungen Jahren zeichnete sich Franziska durch große Frömmigkeit aus. Statt mit Gleichaltrigen zu spielen, zog sie sich in die Kapelle »Maria zum Schnee« zurück und betete dort zur »Himmelsmamma«. Ihr sehnlichster Wunsch für die Zukunft: so bald wie möglich in ein Kloster einzutreten.

Das sollte noch eine ganze Weile dauern. Als 16-Jährige wurde Franziska nach Sauggart bei Riedlingen geschickt. Dort musste sie bei einem Onkel mütterlicherseits als Dienstmagd arbeiten. Harte Arbeit hatte sie zu verrichten, unzählige kleine Kinder zu betreuen, die Launen der nervenkranken Hausherrin auszuhalten. Gelegentlich wurde Franzi sogar geschlagen. Sie war zutiefst unglücklich. Einer ihrer Brüder bemerkte, wie schlecht es ihr ging, und informierte die Eltern.

Daraufhin wurde Franzi erlaubt, sich nach einer neuen Stelle umzusehen. Diesmal landete sie bei einer liberalen und großzügigen Bäckersfamilie in Biberach. Das einzige Problem: Die Familie war protestantisch – ein Umstand, an den sich die fromme katholische Franziska erst gewöhnen musste.

1901 fand sie eine vergleichsweise gut bezahlte Stelle als Dienstmagd bei einer Lehrerfamilie im Schweizerischen Rorschach. Obwohl ihre Herrschaften streng und genau waren, integrierte sich Franziska hervorragend. Lernte immer besser kochen, betreute Haushalt und Kinder. Ging regelmäßig zum Gottesdienst. Die Familie hätte ihr durchaus erlaubt, in ihrer freien Zeit ins Dorf zu gehen, andere Mädchen zu treffen. Franziska jedoch blieb lieber bei den Kindern, spielte und betete mit ihnen, las ihnen Geschichten vor und führte ein zurückgezogenes Leben.

1904 erkrankte sie an einer Gesichtsrose und wurde ins Rorschacher Spital eingeliefert. Dort kam sie erstmals mit den »Barmherzigen Schwestern vom heiligen Kreuz« in Kontakt, von denen sie sich gut und liebevoll versorgt fühlte. Kurz darauf stand Franziskas Entschluss fest: Auch sie wollte fortan dem Orden der Kreuzschwestern angehören.

Ihr Beichtvater setzte sich erfolgreich für sie ein: Für den 17. Oktober 1904 wurde Franziska ins Provinzhaus der Kreuzschwestern bei Hegne am

Bodensee geladen. Im Gepäck trug sie die ansehnliche Summe von 700 Mark, teils in Rorschach eigens zusammengespart, teils von ihrer Tante gespendet.

Franziskas erster Aufenthalt im Kloster Hegne dauerte gerade mal sechs Monate. Als Postulantin sollte sie das Leben in der Gemeinschaft kennenlernen. In dieser Zeit arbeitete sie in der Klosterküche, wo sie sich als geschickt und fleißig erwies. Selbst unangenehme Arbeiten wie Herdputzen oder Kesselschrubben übernahm sie bereitwillig. Wie erwartet, lag ihr das klösterliche Leben durch und durch.

Der nächste Schritt führte sie für ein Jahr zu einem Außenposten des Klosters. Im Mai 1905 wurde Franziska nach Zell-Weierbach bei Offenburg geschickt. In eine kleine Gemeinschaft von drei Schwestern, die in der Umgebung Kranke pflegten. Meist kochte und putzte Franziska, gelegentlich kümmerte sie sich auch um die Kranken, obwohl sie dafür noch gar nicht ausgebildet war. Schnell bemerkten die Patienten ihre Güte und Zuversicht und fassten Vertrauen zu ihr.

Ein Jahr später kehrte Franziska nach Hegne zurück. Am 24. April 1906 wurde sie feierlich ins Noviziat aufgenommen. Legte ihre weltliche Kleidung und ihren weltlichen Namen ab. Damit sollte sie »den alten Menschen ausziehen und den neuen Menschen anziehen, der in Heiligkeit und Gerechtigkeit geschaffen ist«, wie es bei der Aufnahmezeremonie hieß.

Von nun an trug sie den Ordensnamen Ulrika. Meist war sie im Hauswesen und in der Küche beschäftigt. Nie erwartete sie Lob, scheute sich nicht vor schweren und unangenehmen Tätigkeiten. Die anderen Schwestern arbeiteten gern mit Ulrika zusammen. Zwar sprach sie nicht viel, doch ihr Eifer und ihre Fröhlichkeit waren ansteckend.

Im April 1907 legte sie ihr Ordensgelübde ab und wurde nun als vollwertiges Mitglied ins Kloster aufgenommen. Danach schickte man sie ins Spital im badischen Bühl. Dort übernahm sie die Leitung der Küche, hin und wieder auch Nachtwachen. Die körperlich harte Arbeit zehrte an ihr: Übermüdung, stundenlanges Stehen am heißen Herd und Mangel an frischer Luft führten zu chronischen Kopfschmerzen. Trotzdem erledigte Ulrika ihre Aufgaben treu und gewissenhaft. Ihre knapp bemessene Freizeit verbrachte sie größtenteils betend in der Hauskapelle. Wo immer sie konnte, suchte sie nach Stille.

Zwölf Monate später erhielt Ulrika die Weisung, eine neue Stelle in Baden-Baden anzutreten. Vier Jahre sollte sie im dortigen St. Vinzenziushaus bleiben. Trotz ihres unermüdlichen Einsatzes und Fleißes war das Leben nicht immer einfach für sie, hatte sie doch immer wieder unter den Schrullen und Launen ihrer Vorgesetzten zu leiden. Doch ihre Gebete und Gottesliebe hielten Ulrika im Gleichgewicht.

Wenn andere Schwestern in der Küche sangen und tanzten, sang und tanzte Ulrika bereitwillig mit. Die Küchengehilfinnen mochten sie, erzählten ihr von kleinen und großen Sorgen. Ulrika wiederum brachte den Gehilfinnen Gebete bei und besprach mit ihnen die Predigt vom letzten sonntäglichen Kirchgang. Im Buch der Kreuzschwester M. Jacobe Wetzel, »Der freie Flug zu Gott«, erinnert sich eine ehemalige Mitschwester:

Sie verstand anzuordnen, einzuteilen, zu überwachen, doch geschah dies in liebender, bittender Art, so dass niemand abgestoßen wurde und jedes gerne mit ihr arbeitete; ein Zeichen ihrer Klugheit. Sie übte auf ihre Mitschwestern einen erzieherischen Einfluss aus schon im Noviziat und hatte mehr Autorität als ihre vorgesetzte Schwester. Darum war sie auch die Ratgeberin und Trösterin ihrer Mitschwestern.

Doch selbst die so demütige, fromme Ulrika konnte sich nicht gänzlich frei von Glaubenszweifeln halten. Auch sah sie sich von guten wie schlechten Visionen immer wieder heimgesucht, grausame Kopfschmerzen gesellten sich dazu und führten zu Sinnkrisen, Verzweiflung und Mutlosigkeit. Ärzte stellten eine verschleppte Stirn- und Kiefernhöhlenvereiterung fest. Mehr denn je versenkte sich Schwester Ulrika ins Gebet, um wieder Kraft und Mut zu schöpfen.

Ab 1912 ließen die Visionen nach. Im Mai desselben Jahres wurde diagnostiziert, dass Ulrika an einer Kehlkopf- und Lungentuberkulose litt. Eine tödliche Diagnose, doch Ulrika blieb heiter und gelassen in ihrer Zuversicht, bald bei Gott im Himmel zu sein.

Im Juli 1912 kehrte sie ins Kloster Hegne zurück. Ihre letzten Monate verbrachte sie im dortigen Schwesternkrankenhaus, wo sie am 8. Mai 1913 mit 30 Jahren starb. Ihr schlichtes Wesen und ihr überzeugend gelebter Glaube blieben allen, die sie kannten, im Gedächtnis.

Ihre Ruhestatt fand Schwester Ulrika zunächst auf dem Klosterfriedhof von Hegne. Am 1. November 1987 wurde sie von Papst Johannes Paul II. seliggesprochen. Das Kirchenoberhaupt würdigte ihr »Wirken im Kleinen«

und ihre »kindliche Dankbarkeit«. Im Jahr 1991 bettete man Ulrikas Gebeine in die eigens erbaute Krypta der Klosterkirche in Hegne um. Zu dieser Verehrungsstätte pilgern Gläubige bis heute, um die Selige Schwester Ulrika bei ihren Sorgen und Problemen als Fürsprecherin anzurufen. 2021 wurde ein Pilgerweg auf den Spuren der Ulrika eröffnet; in sechs Etappen über 123 Kilometer führt er von der Ulrika-Kirche in Unterstadion bis zum Kloster Hegne.

Literatur:

M. Jacobe Wetzel: Der freie Flug zu Gott: Die Sehnsucht der Schwester Ulrika von Hegne. Beuron, Beuroner Kunstverlag 2014. ISBN: 978-3870713164

Walbert Bühlmann: Selige Schwester Ulrika. Beuron, Beuroner Kunstverlag 1987.

Klaus Hemmerle: Die leise Stimme: Ulrika Nisch, ihr Weg und ihre Botschaft. Freiburg im Breisgau, Herder 1987.

Norbert Ruf: Leise Worte der seligen Ulrika. Beuron, Beuroner Kunstverlag 1997.

Sehenswert

Ulrikas letzte Ruhestätte: ihr Sarkophag in der Krypta im Kloster Hegne. (Kloster Hegne)

Das Kloster Hegne ist eine Einrichtung der Barmherzigen Schwestern vom heiligen Kreuz. Es besteht aus dem historischen Schloss Hegne und neueren Bauten, die verschiedene schulische und karitative Institutionen beherbergen. Immer wieder werden Führungen durch das Kloster angeboten. Im Haus »Ulrika« informiert eine 20-minütige Tonbildschau über das Leben und den geistlichen Weg der seliggesprochenen Ordensschwester. Auch die Krypta mit Ulrikas letzter Ruhestätte kann besichtigt werden.
Weitere Informationen: www.kloster-hegne.de

Elisabeth Mühlenweg (Archiv Sabine Mühlenweg-Beck)

Elisabeth Mühlenweg

Malerin, Illustratorin und siebenfache Mutter

27. Mai 1910 – 15. September 1961

Als Tochter eines Zahnarztes wurde Elisabeth Kopriwa anno 1910 im österreichischen Linz geboren. 19-jährig bestand die vielseitig begabte Schülerin die »Realgymnasiale Reifeprüfung« des Städtischen Mädchen-Reform-Gymnasiums mit Auszeichnung.

Von Anfang an fühlte sich Elisabeth zur Künstlerin berufen, so schilderte sie es später in ihrem »Selbstportrait«. Seit sie denken konnte, zeichnete sie. Vor allem Menschen. Tiere, Blumen oder Landschaften interessierten sie weniger. Ihren ersten künstlerischen Erfolg feierte sie im zarten Alter von vier Jahren ganz für sich: Es war ihr gelungen, ein ballspielendes Kind von der Seite darzustellen, »alles richtig im Profil, sogar die Füße«. Ihre Freude über das gelungene Bild sollte Elisabeth ihr Leben lang nicht vergessen.

Trotz aller Kunstbegeisterung besuchte sie zunächst die Linzer Bundes-Lehrerinnen-Ausbildungsanstalt; 1930 erwarb sie sich dort ein »Zeugnis der Reife für Volksschulen«, wiederum mit Auszeichnung. Dann beschloss sie, nach Wien zu gehen, um Malerin zu werden. Die dortige Akademie der bildenden Künste nahm seit einigen Jahren auch Frauen auf. Von 1930 bis 1934 gehörte Elisabeth zur Meisterklasse des österreichischen Grafikers Ferdinand Andri.

Dort lernte sie den Konstanzer Drogisten Fritz Mühlenweg kennen, der auf verschiedenen Expeditionen in die Mongolei auch seine Liebe zum Malen entdeckt hatte. Obwohl die beiden von Anfang an auf einer Wellenlänge lagen, unterschieden sie sich charakterlich sehr. Elisabeth war fleißig, pflichtbewusst und nahm ihre künstlerische Arbeit sehr ernst. Fritz wiederum schwänzte das Sommersemester an der Wiener Akademie, um ungestört und frei malen zu können. Er zog sich ins südfranzösische Städtchen Beaucaire zurück. Seine damals 23-jährige Studienkollegin Elisabeth

Kopriwa drängte er, ihn möglichst bald zu besuchen. Im Frühjahr 1933 – so Ekkehard Faude in seiner Laudatio – antwortete Elisabeth, nur zu gern würde sie auf der Stelle zu ihm reisen, doch zunächst müsse sie alle Arbeiten abschließen, die sie sich vorgenommen habe. Schließlich wollte sie nicht als »kleines, unglückliches und unbefriedigtes Mädchen« bei ihm auftauchen, sondern als vollwertiger »Mensch«. Ein solcher sei in der Lage, sich in Geduld zu üben und seine Pflichten zu erfüllen.

Parallel zu ihrem Kunststudium absolvierte die ehrgeizige Elisabeth die Lehramtsprüfung für das »Zeichnen an Mittelschulen« an der Technischen Hochschule Wien. Ihren Akademie-Abschluss bestand sie am 1. Juli 1933 mit Auszeichnung. Und reiste endlich nach Beaucaire.

Dort heirateten Fritz und seine mittlerweile schwangere »Lis« am 9. September 1933. Ohne Familie, mit Zufallsbekannten als Trauzeugen. Die beiden feierten eine kleine Hochzeit, von der es nicht einmal ein gemeinsames Foto gibt.

Im März 1934 kam in Wien die erste Tochter zur Welt. Das Ehepaar plante, nach Italien auszuwandern, um dort ein karges, idyllisches Künstlerleben zu führen. Doch die Devisenzwänge des NS-Regimes machten solchen Träumen den Garaus.

Regelmäßige Zahlungen aus Fritz Mühlenwegs väterlichem Erbteil, die als Basis für die Freiheit hätten dienen sollen, konnten nicht mehr ins Ausland transferiert werden. So musste die Familie dem Geld nach Deutschland folgen und bezog das Haus in Allensbach an der heutigen Konstanzer Straße 31. Am 7. Januar 1935 unterzeichneten Fritz und Elisabeth Mühlenweg den Vertrag für einen jährlichen Mietzins von 900 Reichsmark. Wohlgemerkt: Sie unterzeichneten beide – und das zu einer Zeit, in der die meisten Männer ihren Frauen keinerlei wirtschaftliche Selbstständigkeit zugestanden.

Elisabeth, nun junge Mutter, musste in ihrer neuen Umgebung am Bodensee erst einmal heimisch werden. Die Zwiebelform des Allensbacher Kirchturms, die sie an die Türme ihrer Linzer Heimat erinnerte, liebte sie sehr. Damals ahnte sie noch nicht, dass sie ihr gesamtes restliches Leben in Allensbach verbringen würde.

Elisabeths Hoffnungen auf eine berufliche Karriere als Kunsterzieherin schwanden rasch. Trotz hervorragender Zeugnisse und Qualifikationen wurde sie nicht in den deutschen Schuldienst übernommen, weil ihre österreichische Lehramtsprüfung nicht anerkannt wurde. Für ihre Bilderbuch-Projekte fand sie im nationalsozialistischen Deutschland keinen Verlag. Dazu kamen weitere Kinder. Der Reisepass von 1938 reduzierte die hochtalentierte Malerin in der Rubrik »Beruf« auf »Hausfrau«. Ein Begriff, der Elisabeth Mühlenweg zu keiner Zeit gerecht wurde.

Trotz ihrer wachsenden Kinderschar fand Elisabeth aber noch Zeit, die »Konstanzer Malergruppe 1938« zu organisieren, die sie zusammen mit Fritz und anderen Künstlern gegründet hatte. Als die männlichen Mitglieder nach Ausbruch des Zweiten Weltkrieges zum Wehrdienst eingezogen wurden, kümmerte sich Elisabeth zupackend und großzügig um die Ausstellungen der Gruppe. Sie beschickte Museen und Galerien, etwa in München, Mannheim oder Freiburg im Breisgau mit Bildern. Selbst kam sie in dieser Zeit nur noch selten zum Malen. 1940 wurde Fritz als Dolmetscher in die Zollverwaltung von Bordeaux abkommandiert, und Elisabeth hatte alle Hände voll zu tun, ihre Familie über die Runden zu bringen. Ihre Koch- und Backkünste galten bei Verwandten und Bekannten als legendär. Im Jahr 1941 fand Elisabeth sogar noch Zeit, ein Kochbuch zu illustrieren, um es einer Konstanzer Freundin zur Hochzeit zu schenken.

Im nationalsozialistischen Deutschland wurde es für Elisabeth und Fritz Mühlenweg immer schwieriger, Gleichgesinnte zu finden. Als großzügige Gastgeber pflegten die beiden ein offenes Haus, hatten immer wieder Freunde und Übernachtungsgäste zu Besuch. Sehr nahe standen sie dem Verlegerehepaar Helen und Kurt Wolff. Auch zu der rebellischen Schriftstellerin und Reformpädagogin Tami Oelfken, die in Überlingen wohnte, pflegten sie engen Kontakt. Eine tiefe Freundschaft verband Elisabeth und ihren Mann außerdem mit dem auf der Höri lebenden Maler Otto Dix und dessen Familie. Man besuchte sich gegenseitig, malte miteinander oder führte gemeinsame Kunstausstellungen durch. Die älteste Dix-Tochter Nelly, hochintelligent und talentiert, wuchs dem Ehepaar Mühlenweg besonders ans Herz. Nelly wiederum bezeichnete die Mühlenwegs liebevoll als ihre »Zieheltern«.

Sichtbarer Beweis für die enge Beziehung zwischen den Familien Dix und Mühlenweg ist Elisabeths Gouache »Tod und Mädchen«. Vermutlich malte sie das Bild um 1940 in Anlehnung an ein gleichnamiges Gemälde von Otto Dix. Auf beiden Werken ist die damals 18-jährige Nelly zu erkennen. Es ist durchaus denkbar, dass Elisabeths Bild bei einem Besuch im Hause Dix entstand.

Zu Künstlern zog es Elisabeth also hin – in der nationalsozialistischen Öffentlichkeit hingegen fühlte sie sich weniger wohl. Im November 1944 hatte sie bereits sechs Kinder und wurde daraufhin ins Allensbacher Rathaus zitiert, um sich das Mutterkreuz umhängen zu lassen. Eine Ehrung, auf die Elisabeth nur zu gerne verzichtet hätte, so zumindest schreibt sie es ihrem Fritz in einem Brief.

Diszipliniert und einfallsreich, wie sie war, brachte Elisabeth Mühlenweg ihre große Familie in den harten Kriegs- und Nachkriegsjahren mit Auftragsmalereien durch. Vor allem im katholischen Umfeld war ihre Arbeit gefragt. Sie illustrierte Bücher, beschäftigte sich mit religiösem Kunsthandwerk, fertigte effektvolle Heiligenbilder und Wandbehänge für Kirchen, Klöster oder Pfarrheime an. Elisabeths Vater war 1916 mit seiner Familie aus der katholischen Kirche ausgetreten und protestantisch geworden; sie selbst konvertierte im Alter von 36 Jahren wieder zum alten Glauben zurück. Nach Kriegsende stellte ihr das katholische Pfarrhaus von Allensbach sogar ein Zimmer zum Arbeiten zur Verfügung.

Doch sie erfüllte auch weltliche Aufträge. Einer ihrer Kunden: der Wäschehersteller Schiesser aus Radolfzell. Für das Unternehmen schuf Elisabeth zwei Wandteppiche, die den mittelalterlichen »Weberfresken« im Konstanzer »Haus zur Kunkel« nachempfunden waren. Des Weiteren illustrierte sie für Zeitungen und Verlage.

Und Elisabeths geliebter Fritz? Mit ihrer Arbeit trug sie dazu bei, dass er in Ruhe seinen ersten Roman schreiben konnte. Unter dem Titel »In geheimer Mission durch die Wüste Gobi«, erschien das Buch Anfang der 50er-Jahre. Es wurde in acht Sprachen übersetzt und ein großer Erfolg.

Immer wieder schrieb und veröffentlichte das Paar nun auch Bilderbücher – inspiriert durch ihre insgesamt sieben Kinder. Oft arbeiteten die beiden in Kooperation: Elisabeth illustrierte, Fritz schrieb die Texte. Ihre gemeinsamen Werke »Nuni« (1953), »Kasperl mit der Winduhr« (1956) und »In jenen Tagen« (1957) wurden jeweils zum schönsten deutschen Buch des Jahres gekürt.

Kreativ und als kongeniale, gleichberechtigte Partner lebten Elisabeth und Fritz miteinander bis zum Tod: Am 13. September 1961 erlag Fritz den Folgen seines dritten Schlaganfalls, Elisabeth starb nur eineinhalb Tage später im Konstanzer Krankenhaus an einer Nierenkrankheit. Auf dem Allensbacher Friedhof liegt das Künstlerpaar Seite an Seite begraben.

Literatur:

EKKEHARD FAUDE: Laudatio über Fritz und Elisabeth Mühlenweg zur Eröffnung der Allensbacher Ausstellung. Libelle 2006.

INGA POHLMANN: Die Allensbacher Künstlerin Elisabeth Mühlenweg. Hegau – Jahrbuch 66/2009 des Geschichtsvereins e. V. Singen (Hohentwiel), S. 241–264.

BARBARA STARK: Elisabeth Mühlenweg. Eine Buchillustratorin im Spannungsfeld von Familie und Kunst. Aus dem Antiquariat NF, 9 (2011) Nr. 2, S. 63–68.

ELISABETH MÜHLENWEG: Selbstportrait. Undatiertes Typoskript, Nachlass Fritz Mühlenweg, Franz-Michael-Felder-Archiv der Vorarlberger Landesbibliothek, Bregenz.

Sehenswert

Im Allensbacher Bahnhofsgebäude befindet sich seit 2012 das Mühlenweg-Museum, eine literarische Dauerausstellung. Hier können sich Interessierte auf die Spuren der Familie Mühlenweg begeben. Das Leben, die künstlerische Produktivität und das Wirken speziell Fritz Mühlenwegs, aber auch seiner Frau, wird in Briefen, Fotografien, anderen Originalgegenständen sowie den Bildern und Büchern des Ehepaars veranschaulicht. Ebenso kann Elisabeth Mühlenwegs Bild »Tod und Mädchen« im Museum besichtigt werden.
Weitere Informationen:
www.mühlenwegmuseum.de

Von Elisabeth Mühlenweg illustrierte Bücher im Mühlenweg-Museum. (fotodesign kuhnle&knödler, Mühlenweg-Museum Allensbach)

Elisabeth Noelle-Neumann 1952 (Privatarchiv Prof. Dr. Elisabeth Noelle, Piazzogna/Schweiz, Freigabe durch Dr. Ralph Erich Schmidt-Noelle)

Elisabeth Noelle-Neumann
Eigenwillige Demoskopin

19. Dezember 1916 – 25. März 2010

Direkt an der Hauptstraße liegt das Stammhaus der Allensbacher Meinungsforscher, ein schön renoviertes Fachwerkhaus aus dem frühen 17. Jahrhundert. Hier gründete die Kommunikationswissenschaftlerin Elisabeth Noelle-Neumann mit ihrem Mann im Jahr 1947 das »Institut für Demoskopie Allensbach«. Es ist die älteste Umfrage-Organisation im Land. Seit mehr als 70 Jahren nimmt das Institut deutsche Vorlieben, Meinungen und Befindlichkeiten unter die Lupe. Große politische Streitfragen ebenso wie kleine Alltagssorgen. Da wird ermittelt, wie glücklich sich die Deutschen fühlen, wen sie wählen, wie oft sie zum Arzt gehen oder ob sie Gartenzwerge mögen (die Mehrheit antwortete übrigens mit Ja). Nahezu alles, was messbar oder statistisch darstellbar ist, wird in Allensbach überprüft und befragt. Auf diese Weise geraten Umfragen zu regelrechten Schnappschüssen der Gesellschaft.

Aus Berlin stammte sie ursprünglich, die 1916 geborene Elisabeth Noelle, Fabrikantentochter aus wohlhabender, großbürgerlicher Familie. Als Zehnjährige beschloss sie, Journalistin zu werden. In Göttingen machte sie ihr Abitur. Ihre Sprachkenntnisse waren anfänglich noch dürftig, dennoch schickte sie der Deutsche Akademische Austauschdienst 1937 für ein Jahr in die USA. Als Stipendiatin an der University of Missouri hatte sie dort Propaganda für Nazi-Deutschland zu leisten. Und sie kam mit dem Feld der Demoskopie in Berührung, lernte die neuesten Umfragemethoden kennen. Erstmals wurden zu einem bestimmten Thema nicht mehr möglichst viele Menschen befragt, sondern ein repräsentativer Querschnitt. Mit diesen neuen Erkenntnissen reiste Elisabeth Noelle nach Hause und promovierte 1940 in Berlin über Meinungs- und Massenforschung in den USA. Außerdem schrieb sie für die von Joseph Goebbels herausgegebene Wochenzeitung »Das Reich«.

Solcherlei Nähe zu den Nationalsozialisten hing der deutschen Meinungsforschungspionierin Elisabeth Noelle-Neumann zeitlebens nach. Auch ihr Ehemann, der Journalist und CDU-Politiker Erich Peter Neumann, hatte für »Das Reich« gearbeitet. Mit ihm zog Elisabeth 1946 nach Allensbach am Bodensee, um dort das erste Meinungsforschungsinstitut der jungen Bundesrepublik zu gründen. An einer Schule im nahe gelegenen Ludwigshafen führte sie erstmals eine Meinungsumfrage in Deutschland durch. Im Auftrag der französischen Militärregierung wurden Jugendliche zu ihren demokratischen Einstellungen befragt.

Selbst mittlerweile eine entschiedene Verfechterin der Demokratie, wurde Elisabeth Noelle-Neumann schnell einflussreich mit ihrem Institut – und das im männerdominierten Nachkriegsdeutschland! Zu dieser Zeit war eine wissenschaftliche Karriere für eine Frau noch ungewöhnlich. Doch Elisabeth Noelle-Neumann erwies sich als Topmanagerin der ersten Stunde, ihr Wissensdurst schien unersättlich. 1964 wurde sie als Professorin an die Universität Mainz berufen, wo sie das Institut für Publizistik aufbaute. Ihr Selbstbewusstsein bezog sie wohl aus der Familie. Schon ihrer Großtante war es gelungen, gegen alle Widerstände einen eigenen Weg zu finden. Da Frauen im Kaiserreich kein Abitur machen konnten, war sie in die Schweiz gegangen, hatte an der Zürcher Universität promoviert und war als erste Frau zur Privatdozentin an der dortigen Philosophischen Fakultät berufen worden. Dieser Großtante verdankte Elisabeth Noelle die frühe Erkenntnis, dass man sich als Frau nicht genieren oder unterlegen fühlen musste.

Von falscher Scham oder Unterlegenheitsgefühlen keine Spur: Die kluge, charmante Elisabeth Noelle-Neumann knüpfte wichtige Kontakte in alle Richtungen. Sie suchte die Nähe zur Macht, verstand sich ausgezeichnet mit den Bundeskanzlern Adenauer und Kohl. Damit blieb sie umstritten; nun warf man ihr zu große Nähe zur CDU vor, als deren »Haus-Demoskopin« sie bezeichnet wurde. 1980 machte sie mit ihrer Theorie der »Schweigespirale« Furore: Eine offensiv vertretene Überzeugung werde als Mehrheitsmeinung wahrgenommen, während Anhänger der scheinbaren Minderheitsmeinung verstummten. Diese Theorie wurde kontrovers diskutiert, doch Elisabeth Noelle-Neumann ließ sich davon nicht beirren. In einem »Welt«-Interview von 2006 erklärte sie schlicht: »Wer nicht umstritten ist, der ist schon halb tot.«

Bis heute wird im Allensbacher Institut Jahr für Jahr die »Glücksfrage« gestellt und ermittelt, wie zufrieden die Bundesbürger mit ihrem

Leben sind. Von einem glücklichen Dasein hatte die Grande Dame der Demoskopie ihre eigenen Vorstellungen, die sie in einem Interview anlässlich ihres 85. Geburtstages offenbarte: Nach dem Glücklichsein zu greifen »wie nach einem Apfel«, sei absurd. Jeder Mensch müsse sich einer Aufgabe verschreiben, um glücklich zu werden.

Eine wertvolle Erkenntnis, die Elisabeth Noelle-Neumann gewiss auch half, private Krisen durchzustehen. Nach dem Tod ihres ersten Ehemanns 1973 heiratete sie den Kernphysiker Heinz Maier-Leibnitz. Im Jahr 2000 verstarb auch er. Doch ihre große Aufgabe hielt die Demoskopin, die sich nun wieder Elisabeth Noelle nannte, im Gleichgewicht. Bis an ihr Lebensende blieb sie ihrer Berufung verpflichtet, obwohl sie nach 1988 deutlich kürzertrat. Seit dieser Zeit teilte sie sich die Leitung des Instituts mit der Diplom-Volkswirtin Renate Köcher. Gegenüber dem »Südkurier« bezeichnete diese ihre ehemalige Chefin als »inspirierende Persönlichkeit, neugierig auf die Welt und die Menschen, prinzipienfest und sehr diszipliniert«.

Von Disziplin kündet auch Elisabeth Noelles Lebensmotto, das sie auf einem Granitblock in ihrem Garten anbringen ließ – ein Zitat des deutschen Barockdichters Paul Fleming: »Wer sein selbst Meister ist und sich beherrschen kann, dem ist die weite Welt und alles untertan.«

Seit 1976 war die vom »Südkurier« zur »Seherin vom Bodensee« gekürte Noelle-Neumann Ehrenbürgerin von Allensbach, wo sie bis zu ihrem Lebensende in einer kleinen Villa am Seeufer wohnte. Elisabeth Noelle wurde 93 Jahre alt.

Literatur:

Thomas Schmid, Michael Stürmer: Was ist das Wichtigste im Leben, Frau Noelle-Neumann? Interview. In: »Die Welt«, 26.12.2006.

Hanno Gerwin: Elisabeth Noelle-Neumann, die Frau der Zahlen und Daten. Interview. In: »Gerwin trifft«, 2001. www.gerwintrifft.de

Stefan Lutz: Elisabeth Noelle-Neumann: Die Seherin vom Bodensee. In: Südkurier, 17.12.2016.

Institut für Demoskopie Allensbach: Allensbach. Publikation von 1997.

Sehenswert

Anlässlich des 100. Geburtstags von Elisabeth Noelle-Neumann wurde im Museum Allensbach eine ständige Demoskopie-Ausstellung eröffnet. Auf 35 Quadratmetern kann man sich hier auf eine Reise in die Welt der Meinungsforschung begeben.
Weitere Informationen:
www.ifd-allensbach.de

Institut für Demoskopie in Allensbach
(Ralf Staiger)

Mia Hesse-Bernoulli
Sensible Fotografin

7. August 1868 – 13. Mai 1963

Noch heute existiert der einstige Wohnsitz von Mia und Hermann Hesse in Gaienhofen. Die großzügige Landhaus-Villa wurde Anfang des 20. Jahrhunderts im Schweizer Reformstil erbaut. Hier lebten die Eheleute Hesse zwischen den Jahren 1907 und 1912. Mia höchstpersönlich plante und bezahlte das Haus, in enger Zusammenarbeit mit einem Basler Architekten.

Dass diese starke, temperamentvolle Frau einmal auf der abgeschiedenen Höri landen würde, war nicht zu vermuten gewesen. Die am 7. August 1868 in Basel als viertes von acht Kindern geborene Maria Bernoulli besaß viele Talente. Sie spielte Klavier, war begeisterte Bergsteigerin. Und wurde erste Berufsfotografin der Schweiz; 1904 gewann sie einen Preis bei einer internationalen Ausstellung.

Maria entstammte der Basler Oberschicht, was sie gewiss nicht für einen eigenen Beruf prädestinierte. Zu ihrer Zeit war es für »höhere Töchter« üblich, nach Abschluss der Schule schnellstmöglich einen standesgemäßen Ehemann zu finden. Maria jedoch setzte gegenüber ihren Eltern den Plan durch, sich zur Fotografin ausbilden zu lassen. Die rebellische junge Frau sehnte sich nach Unabhängigkeit. Ihre Kindheit habe sie möglichst schnell hinter sich lassen und erwachsen werden wollen, erinnerte sie sich später in einem Brief.

Obwohl Frauen damals in der Schweiz kein eigenes Gewerbe anmelden durften, betrieb Maria mit ihrer Schwester Tuccia bald ein eigenes Fotoatelier, das sich erfolgreich entwickelte. Der Grund: Die Bilder der Bernoulli-Schwestern waren modern; die zwei »Fraulein« fotografierten ihre Kunden in deren heimischer Umgebung und nicht, wie damals üblich, vor einer nachgemachten Tapete im Atelier.

Künstlerisch entwickelte sich Maria stetig weiter. Sie organisierte Ausstellungen, nahm an Messen teil. Ihr spezielles Augenmerk galt der expe-

Bronzebüste der Mia Hesse, hergestellt von Maria Magel
(Hesse-Haus/Eva Eberwein)

rimentellen Fotografie. Ihre Arbeiten, mit denen sie ihrer Zeit weit voraus war, lockten viele junge Künstler ins Atelier. 1902 tauchte auch Hermann Hesse dort auf, der als Buchhändler in der Nachbarschaft arbeitete. Der etwas steife, reservierte junge Mann wollte sich fotografieren lassen. »Mia« (wie er seine zukünftige Frau bald nannte) verliebte sich spontan in den neun Jahre jüngeren Schriftsteller, der damals noch weitgehend unbekannt war.

Mias Eltern waren von Hesses Tauglichkeit als Schwiegersohn alles andere als überzeugt. Dennoch reiste Mia mit ihm nach Italien; am 2. August 1904 heirateten sie. Der Schriftsteller betrachtete Mia als ihm »an Bildung, Lebenserfahrung und Intelligenz mindestens ebenbürtig und in jeder Hinsicht eine selbständige, tüchtige Persönlichkeit«. So schrieb er es kurz vor der Hochzeit an einen Freund.

Während Hermann Hesse mit seinem ersten Roman auf Lesereise war, machte sich die frischgebackene Gattin auf die Suche nach einer geeigneten Wohnstätte. Das Paar war sich einig: Auf dem Land wollten sie leben, der eine schreibend, die andere fotografierend. Beide waren Anhänger der »Lebensreform«, einer sozialen Bewegung, die etwa Mitte des 19. Jahrhunderts entstanden war. Da Mia das Basler Atelier mit ihrer Schwester weiterführen wollte, entschied sie sich, möglichst in der Nähe ihrer Heimatstadt zu bleiben.

Gaienhofen auf der Höri schien die perfekte Wahl: nicht zu weit entfernt von Basel und gut zu erreichen. Zu dieser Zeit hatte das Dorf etwa 300 Einwohner, die meisten lebten von Landwirtschaft. Die Hesses zogen in ein kleines Bauernhaus neben der Dorfkapelle, das heutige »Hesse-Museum«. 1905 kam der erste Sohn zur Welt.

1907 erwarb das Paar ein eigenes Grundstück in der Nähe. 30.000 Reichsmark kostete der Bau des neuen Domizils; zwei Drittel des Geldes steuerten Mia Bernoullis Eltern bei. Während der Bauzeit bereiste Hermann den Kanton Tessin, und Mia plante mit dem Architekten Hans Hindermann, einem Freund ihrer Familie, sämtliche Details. Für sich selbst richtete sie ein geschmackvolles Erkerzimmer ein, wo ihre Kamera, ihr Klavier und ihr Schreibtisch Platz fanden. In den Keller kam eine Dunkelkammer.

Doch die Aufträge blieben aus. In der ländlich-konservativen Umgebung betrachtete man die Hesses mit Misstrauen. Die Höri-Bauern bezeichneten Mia spöttisch als »nobli Frau vu Basel« und zeigten keinerlei Interesse an Porträtfotos. Nachdem 1909 der zweite Sohn geboren war, hatte Mia immer weniger Zeit für sich und ihre Kunst. Manchmal fuhr sie noch zu ihrer Schwester nach Basel, doch auf der Höri blieb sie eine Außenseiterin und vereinsamte zusehends. Als Ehefrau hatte sie Heim und Kinder zu betreuen, die Besucher ihres Mannes zu bewirten, ihm auch sonst den Rücken freizuhalten. Mias seelischer Zustand verschlechterte sich, sie schlitterte in eine Depression. Hermann wiederum blieb immer häufiger außer Haus. Er fühlte sich den bürgerlichen Aufgaben als Familienvater nicht gewachsen. Nach der Geburt des dritten Sohnes im Jahr 1911 reiste Hermann Hesse nach Indien. Nach seiner Rückkehr entschieden sich die Eheleute, Gaienhofen zu verlassen, und zogen nach Bern. 1918 trennten sich Mia und Hermann Hesse; 1923 wurde ihre Ehe geschieden.

Mia ließ sich in Ascona nieder und betrieb dort eine Pension. Ihre psychischen Probleme blieben; längere Zeit musste sie in einer Heilanstalt verbringen. Wegen ihrer »Nervenkrankheit« nahm man ihr nach der Scheidung zwei ihrer Söhne weg, die in Pflegefamilien untergebracht wurden.

Nur langsam fand Mia zu ihrer alten Kraft zurück und konnte später eine innige Verbindung zu all ihren Söhnen aufbauen. Ihr ehemaliges Haus in Gaienhofen besuchte sie mit über 80 Jahren noch einmal. Bis zum Schluss blieb sie unternehmungslustig und vielseitig interessiert, spielte Klavier, ging zum Schwimmen. Sie blieb unkonventionell, trampte auch mal nach Hause, wenn sie den Bus verpasst hatte. Ihre Großnichte Franziska bezeichnete Mia in einem Zeitungsinterview als »warmherzig und liebevoll«.

Im Alter von 95 Jahren starb Mia Hesse-Bernoulli in Bern in einem Altersheim. Ihr Haus in Gaienhofen, das heute »Mia-und-Hermann-Hesse-Haus« heißt, wurde 2003 von Eva und Bernd Eberwein gekauft. Das Ehepaar sanierte das Gebäude und führte es in seinen ursprünglichen Zustand zurück. Auch der wunderschöne Garten ringsum wurde wiederhergestellt.

Derweil begann Eva Eberwein, sich intensiv mit der Geschichte des Hauses und seiner Bewohner zu befassen. Speziell zu Mia Hesse wollte sie mehr erfahren, über deren Leben bis dahin kaum etwas bekannt gewesen war. Eberwein gründete einen Arbeitskreis. Mehr als 600 Briefe, die Mia an ihren Ehemann geschrieben hatte, wurden von der Forschungsgruppe gesichtet und transkribiert. Die Ergebnisse erlauben erstaunliche Einblicke in das Leben Mias und ihrer Familie, rücken auch den einen oder anderen

Mythos von der »geisteskranken« Dichter-Ehefrau wieder gerade – und sorgen auf diese Weise für späte Gerechtigkeit für die sensible und doch so rebellische Mia Hesse-Bernoulli.

Literatur:

Eva Eberwein, Monika Leister: Lichtwerke – Mia Hesse geb. Bernoulli als Photographin. Versuch einer Nahaufnahme. Hegau-Bibliothek, Hermann-Hesse-Haus 2013.

Hermann Hesse: Iris (1916). Neuauflage: Güllesheim, Silberschnur 1990.

Doris Burger: Hermann-Hesse-Haus wird umbenannt. In: Schwarzwälder Bote, 20.08.2019.

Sehenswert

Das Mia-und-Hermann-Hesse-Haus in Gaienhofen zeigt im Sommer neben dem wunderbaren Garten auch Mias erhaltenes Zimmer und Exponate dazu. Weitere Informationen: www.mia-und-hermann-hesse-haus.de

Im Gebäude des heutigen Hesse-Museums in der Gaienhofener Kapellenstraße lebten Mia und Hermann Hesse in den ersten Jahren nach ihrer Heirat. Weitere Informationen: www.hesse-museum-gaienhofen.de

Blick aus Mias Studio auf den Garten (Hesse-Haus/Eva Eberwein/Kurt Steinhausen)

Gertraud Herzger von Harlessem

Künstlerin im Verborgenen

4. August 1908 – 24. Juli 1989

Gertraud Herzger von Harlessem um 1930 (Privatbesitz Sabine Herzger-Verdet)

Als Tochter eines Tabakkaufmanns wurde Gertraud von Harlessem in Bremen geboren. Dort ging sie aufs Gymnasium und bestand 1928 das Abitur. Von klein auf war Gertraud eine begeisterte Malerin; früh beschloss sie, ihre Leidenschaft zum Beruf zu machen. Die Eltern unterstützten sie darin, finanzierten ihre Ausbildung ab 1929 beim Bauhaus-Künstler Johannes Itten in Berlin.

Doch die Vorgaben der Johannes-Itten-Schule wurden Gertraud bald zu eng. Sie wechselte nach Halle an der Saale auf die Kunstschule Burg Giebichenstein, die sich als Alternative zum Bauhaus verstand. Hier genoss Gertraud die freiere, ungezwungenere, aber auch handwerklicher ausgerichtete Arbeitsweise. Von 1930 bis 1932 war sie Schülerin des Malers und Grafikprofessors Erwin Hahs. Unter seiner Anleitung schuf sie ausdrucksvolle, gelegentlich düstere, fast surreal wirkende Bilder, auch zahlreiche Radierungen und Holzschnitte.

Die Erzählung »Adam Urbas« des damals populären Schriftstellers Jakob Wassermann inspirierte Gertraud zu sieben Schwarz-Weiß-Holzschnitten. Ab 1931 wagte sie sich auch an farbige Holzschnitte, die sie mit ihrer Maltechnik kombinierte.

Auf Burg Giebichenstein lernte Gertraud von Harlessem den sieben Jahre älteren Maler Walter Herzger kennen, seines Zeichens Leiter der Graphischen Werkstatt. Gertraud und Walter wurden ein Paar. Als Zeichen ihrer Liebe verfassten und gestalteten sie ein gemeinsames Künstlertagebuch. Darin beschrieben sie ihre gemeinsame Zeit an der Kunstschule, dazu erste Studienaufenthalte am Bodensee. Mit dem Jahr 1936 endet das Buch.

Im Zuge der Machtübernahme der Nationalsozialisten verlor Walter Herzger sein Lehramt in Halle. Gertraud von Harlessem kehrte vorübergehend zu ihren Eltern zurück. Diese lebten mittlerweile in Dresden und hatten durch die Weltwirtschaftskrise ihr Vermögen verloren. Deshalb konnten sie ihre Tochter finanziell nicht mehr fördern.

1936 fand Gertraud eine Anstellung bei der Bremer Werkschau. Organisierte Ausstellungen im heutigen Paula-Modersohn-Becker-Museum. So verdiente sie genügend Geld, um ihren Walter mitzufinanzieren, der inzwischen unter prekären Umständen in Süditalien lebte. Sie ermöglichte ihm sogar gelegentliche Ausflüge nach Deutschland, wo die beiden auch die Bodenseeregion besuchten.

1938 brach Gertraud ihre Zelte in Bremen ab und folgte Walter in den Süden. Fuhr mit ihm nach Florenz, Neapel und Rom, um dort zu malen und sich künstlerisch inspirieren zu lassen. Als der Zweite Weltkrieg ausbrach, sah sich das Paar gezwungen, nach Deutschland zurückzukehren. Anno 1940 heirateten sie, im selben Jahr kam Tochter Sabine zur Welt. Zu dieser Zeit entstand das zweite gemeinsame Künstlerbuch.

Mit der Hochzeit veränderte sich das Klima zwischen Gertraud und Walter. Er empfand die außergewöhnlichen künstlerischen Fähigkeiten seiner Ehefrau zunehmend als Konkurrenz zu seiner eigenen Arbeit. Nach der Geburt der Tochter verbot er Gertraud schlichtweg, zu malen. Es sei nun ihre Aufgabe, sich um das Kind zu kümmern.

1940 wurde Walter Herzger zum Kriegsdienst eingezogen. Zwei Jahre später suchte Gertraud mit dem Töchterchen Zuflucht auf der Halbinsel Höri. Dort traf sie auf gute Gesellschaft: Auch Künstler wie Otto Dix, Erich Heckel, Max Ackermann, Helmuth Macke oder Hugo Erfurth waren kriegsbedingt in der Region gestrandet.

1946 wurde Walter Herzger aus französischer Gefangenschaft entlassen und folgte Gertraud an den Bodensee. Ein drittes gemeinsames Künstlerbuch entstand ab 1947. Weit über das Privatleben der beiden hinausgehend, zeigt es die Vernetzung von Kunst und Leben in der schwierigen Nachkriegszeit bis in die 60er-Jahre.

Derweil litt Gertraud zunehmend unter dem Konkurrenzdenken ihres Mannes. Während er sich seiner Kunst widmete, arbeitete sie im Akkord bei einer Schweizer Nähmaschinenfabrik, um den Unterhalt der Familie zu sichern. Erst als Walter 1958 an der Staatlichen Akademie der Bildenden Künste in Karlsruhe eine Professur für Zeichnen erhielt, entspannte sich die finanzielle Lage. 1963 bezogen die Herzgers ein eigenes Haus in Gaienhofen.

In ihrer knapp bemessenen Freizeit malte Gertraud Herzger von Harlessem heimlich. Still und leise. Nur mit Farbstiften, Pastell- und Wachskreiden, niemals mit Öl. Der Geruch hätte ihrem Mann verraten, dass sie weiterhin künstlerisch tätig war, das hätte Ärger gegeben. Lediglich die Arbeit an den gemeinsamen Tagebüchern und das Bemalen von Holzschachteln, die Gertraud zum Verkauf anbot, ließ Walter ihr durchgehen.

In dieser schwierigen Lebensphase war es kein Wunder, dass Gertraud von Harlessem immer wieder mit Schwermut zu kämpfen hatte. In der Kunst fand sie Sinn, Trost und Ausgleich; gegen alle Widerstände hielt sie daran fest. Im Verborgenen entstanden kleine, skizzenhafte, oft unvollendete Werke. Später besuchte Gertraud ihre mittlerweile erwachsene Tochter regelmäßig in Frankreich und nutzte die Aufenthalte zum Zeichnen.

Als ihr Mann krank wurde, begann Gertraud von Harlessem, sich erneut an Ausstellungen zu beteiligen, etwa an der Schau »Künstler in Hemmenhofen« von 1982. Erstmals wurde ihr Werk von einer größeren Öffentlichkeit wahrgenommen.

Im Jahr 1985 starb Walter Herzger. Bei aller Trauer um ihren Ehemann beschloss Gertraud, ihre neu gewonnene Freiheit zu nutzen. Nahm an weiteren Ausstellungen teil. Nach den langen Jahren künstlerischer Abstinenz hoffte sie, endlich wieder intensiv und ungestört arbeiten zu können. Ideen hatte Gertraud reichlich, erste Skizzen entstanden, unter anderem für einen Radierzyklus zu Kaspar Hauser. Eine schwere Krankheit machte all diese Hoffnungen und Pläne jäh zunichte.

In Gertraud von Harlessems Werken stand zumeist der Mensch im Mittelpunkt. Sie malte und zeichnete spielende Kinder, Stadt- und Landschaftsszenen, immer wieder Frauen bei der Arbeit, mit deren Abbildungen sie zweifellos ihr eigenes Schicksal aufgriff. Als Inspiration diente ihr auch die unmittelbare Umgebung auf der Höri. Dort starb Gertraud von Harlessem nur wenige Tage vor ihrem 81. Geburtstag.

Literatur:

Angela Dolgner: Gertraud Herzger von Harlessem (1908–1989): eine Künstlerin aus dem Umfeld von Johannes Itten und Erwin Hahs. Halle/Saale, Burg Giebichenstein 2008.

Sehenswert

Der »Künstlerwinkel« Gaienhofen, umschlossen von Wasser und unberührter Natur, diente Gertraud von Harlessem und vielen anderen Künstlern als Zufluchtsort.

Wichtige Inspirationsquelle: die Landschaft der Halbinsel Höri (Ralf Staiger)

Bertha von Petersenn

Idealistische Reformpädagogin

4. Oktober 1862 – 2. Oktober 1910

Einer wohlhabenden Zürcher Familie entstammte sie, die älteste Tochter des Pathologen Prof. Eduard von Rindfleisch und seiner Frau Helene. Die Familie lebte zeitweise in Bonn und Würzburg. Tochter Bertha Helene Ferdinande wurde zunächst von Privatlehrern unterrichtet, später besuchte sie in Stuttgart das Katharinen-Stift, ein »Pensionat für Töchter der höheren Stände«. Früh bekam das Mädchen Klavierunterricht. Einer ihrer Lehrer war der aus dem Baltikum stammende Georg von Petersenn, den sie 1882 heiratete.

Zwei Jahre später zog das Ehepaar nach Berlin, wo Georg von Petersenn eine Professur an der Königlichen Hochschule für Musik erhielt. Bertha ihrerseits wollte das Bildungssystem für Mädchen neu gestalten. Die »gutbürgerliche« Erziehung Ende des 19. Jahrhunderts hatte sie am eigenen Leib erlebt und empfand das gesamte System als komplett unzureichend und reformbedürftig. Lediglich zu Gattinnen, Hausfrauen und Müttern hätten sie und ihre Mitschülerinnen herangebildet werden sollen, kritisierte Bertha. Vor allem auf Äußerlichkeiten habe man dabei Wert gelegt. Individuelle Anlagen, Begabungen und Persönlichkeiten seien völlig außer Acht gelassen worden.

Bertha von Petersenns Forderung: Frauen müssten auf die Wahl zwischen tradierter Rolle und beruflicher Unabhängigkeit vorbereitet werden. Herzensbildung sei dabei entscheidend, ebenso sittliche Festigung und Sportlichkeit. Auch mit den Problemen der Zeit sollten sich Schülerinnen auseinandersetzen. Mit der »Bleichsucht« durch Eisenmangel beispielsweise, mit sozialer Ausgrenzung, Armut oder Abhängigkeit.

In den vornehmen Berliner Salons lernte Bertha den Reformpädagogen Hermann Lietz kennen. Er trug ihr seine eigenen progressiven Ansätze vor, die sie tief beeindruckten. Leider waren seine Konzepte ausschließlich auf Jungen ausgerichtet. Darum gründete Bertha mit Lietz' Unterstützung eine

Bertha von Petersenn (Schule Schloss Gaienhofen)

eigene Privatschule nahe Berlin, das erste »Deutsche Landerziehungsheim für Mädchen«. Die Idee, so zitiert sie Berthas Urenkel Lorenz Rönnebeck: »Eine Erziehungsstätte zu schaffen, die in sorgsamer Weise ihr Augenmerk auf die körperliche, sittliche, geistige und praktische Ausbildung richtet.« Wie in einer großen Familie sollten die Schülerinnen zusammenleben. Eine ganzheitliche Erziehung erfahren und unter einfachen Lebensbedingungen kindgerecht aufwachsen. Individuelle Persönlichkeiten und Wünsche waren dabei unbedingt zu berücksichtigen. Nur so könnten sich die Mädchen zu selbstständigen, tüchtigen und willensstarken Frauen entwickeln. Eine schier unerhörte Vorstellung für die damalige Zeit.

1904 zog Bertha von Petersenns private Bildungs- und Erziehungsinstitution an den Bodensee. Zunächst pachteten die Petersenns das Schloss Gaienhofen auf der Höri, anno 1905 kauften sie das Anwesen. Dort gab es große Räume, Gärten, Wiesen und Spielplätze. Wesentlicher Grund für die Wahl des Ortes: Das Land Baden stand dem Thema Mädchenbildung liberal gegenüber und betrieb eine verhältnismäßig fortschrittliche Schulpolitik. Bereits im Jahr 1900 waren dort junge Frauen zum Universitätsstudium zugelassen worden.

Der Internatsbetrieb begann 1904 mit 14 Schülerinnen, vier Jahre später waren es bereits 33, 1930 etwa 60 Schülerinnen. Hinzu kamen Externe aus der Umgebung.

Durch die Isolation der Schule sollte ein Schutzraum für die jungen Mädchen geschaffen werden. In diesem Sinne ließ Bertha, die »ungesunde« Sitten wie Trinken oder Rauchen strikt ablehnte, eine Wirtschaft nahe der Schule kaufen und abreißen.

Der Unterricht erfolgte größtenteils nach dem Lehrplan für Oberrealschulen. Die Abschlussprüfungen wurden in Konstanz abgelegt.

Beim Aufbau der Schule bekam es Bertha von Petersenn immer wieder mit wirtschaftlichen Problemen zu tun. Auch war es schwierig, geeignetes Lehrpersonal für die aufwendige Erziehungsarbeit zu finden. Doch die kluge, energische und idealistische Schulleiterin führte das Institut bis an ihr Lebensende unbeirrt weiter.

Am 2. Oktober 1910 musste sich Bertha von Petersenn in Kreuzlingen einer Blinddarmoperation unterziehen, an der sie verstarb. Sie wurde auf dem Schulgelände beigesetzt; ihr Grabstein steht dort noch heute.

Danach bekam Bertha von Petersenns Institution immer wieder neue Trägerschaften. Seit dem Jahr 1933 besuchen auch Jungen die Schule. 1946 wurde die Schule von Pfarrer Senges aus Wollmatingen als »Christliche Internatsschule« neu gegründet. Heute nennt sich die Einrichtung »Schloss Gaienhofen – Evangelische Schule am Bodensee«. Sie umfasst ein allgemeinbildendes Gymnasium mit Aufbaugymnasium, ein Wirtschaftsgymnasium, ein sozialwissenschaftliches Gymnasium und eine Realschule. Der Internatsbetrieb endete im Jahr 2013; heute wird die blühende Regionalschule mit rund 750 Schülerinnen und Schülern von der Schulstiftung der Evangelischen Landeskirche in Baden betrieben.

Literatur:

LORENZ RÖNNEBECK: Gedenken an das Gründerehepaar Georg und Bertha v. Petersenn. Rede des Urenkels am 27.3.2015 in Gaienhofen. www.schloss-gaienhofen.de

FRIEDRICH KLEINHEMPEL: Bei Licht und Luft in ländlicher Lage: Bertha von Petersenn gründete in Groß-Lichterfelde das Deutsche Landerziehungsheim für Mädchen. In: Neues Deutschland, 29.05.2007.

Sehenswert

Die zur Schule Schloss Gaienhofen gehörige Melanchthonkirche wurde 1966/67 vom Konstanzer Architekten Hermann Blomeier erbaut. Auf ihrem Kirchturm prangt eine Solaranlage in Kreuzform.

Schulgelände Schloss Gaienhofen, im Hintergrund der Kirchturm mit kreuzförmiger Solaranlage (Ralf Staiger)

Nelly Dix

Hochbegabte literarische Außenseiterin

14. Juni 1923 – 9. Januar 1955

Die 16-jährige Nelly Dix vor ihrem Elternhaus (Archiv Jan und Andrea Dix)

Nelly Dix wurde 1923 in ein freigeistiges, unkonventionelles Elternhaus geboren. Als ältestes Kind des berühmten Malers Otto Dix und seiner Frau Martha Koch kam sie in Düsseldorf zur Welt. Bis zu ihrem zehnten Lebensjahr besuchte Nelly in Dresden eine antiautoritär ausgerichtete Reformschule für Mädchen und Jungen. Nachdem Otto Dix als »entarteter Maler« von den Nationalsozialisten aus der Dresdner Kunstakademie ausgeschlossen worden war, zog die Familie nach Süddeutschland. Ab 1936 lebte Nelly mit den Eltern und zwei jüngeren Brüdern im Dorf Hemmenhofen auf der Halbinsel Höri am Bodensee.

Von Anfang an galt Nelly als hochintelligent, fantasievoll und künstlerisch begabt. Der stolze Vater förderte sein Wunderkind, wo er nur konnte. Nelly wiederum unterstützte ihre jüngeren Geschwister. Weil ihr Bruder Jan nur mit Mühe lesen lernte, schrieb und illustrierte sie, gerade mal 13-jährig, ein Märchen für ihn – mit Erfolg! Die zauberhafte »Geschichte vom kleinen Teufel Eitel« weckte tatsächlich seine Leselust.

Auch in sportlicher Hinsicht erwies sich Nelly Dix als begabt; beispielsweise war sie eine ausgezeichnete Reiterin. Mit 14 Jahren erlaubte ihre Mutter, eine Ausbildung zur Artistin beim Wanderzirkus Barum zu beginnen und mit auf Reisen zu gehen. Mehrmonatige Tourneen führten Nelly bis nach Polen. Abenteuerlich ging es dort zu. Bei einer Überschwemmung der Neiße gelang Nelly sogar die Rettung von Pferden aus dem kalten Wasser. Intellektuelle Anregung gab es hingegen kaum. Nach eigenem Bekunden fehlte Nelly beim Zirkus der »Geist«. Also kehrte sie nach einiger Zeit in ihr Elternhaus zurück. Doch die Zirkuszeit betrachtete sie keineswegs als vergeudet, so viel Menschliches hatte sie dort beobachtet: Anschauungsmaterial, aus dem sie schöpfen konnte. Fürs Leben und für die Kunst. Ihrer Mutter legte Nelly später ein Fotoalbum mit Zirkusbildern an und schrieb als Widmung:

Mami, der ich zweimal die Hälfte aller schönen Zeiten in meinem Leben mitsamt dem letzteren verdanke.

Auch danach erwiesen sich die Eltern als außergewöhnlich liberal. Sie erlaubten Nelly, ihre offizielle Schulbildung abzubrechen. Stattdessen erhielt die junge Frau Privatunterricht bei einem katholischen Priester, dessen Gelehrsamkeit sie bewunderte. Gleichzeitig machte sie ihm in Briefen unumwunden klar, dass er es mit einer »Heidin« zu tun habe, einem »komplexen Wesen« mit vielen Charakteren. Und gelegentlich drehte sie den Spieß des Lernens und Lehrens einfach um. Legte ihrem »verehrten und bewunderten Mentor« nah, Emily Brontë zu lesen. Oder wenigstens den »wilden François Villon«.

Man sieht: Die Wissbegier der jungen Nelly Dix war bemerkenswert. Sie machte zwar kein Abitur, bildete sich aber auf eigene Faust weiter. Las Weltliteratur. Pflegte briefliche Kontakte zu den Künstlerfreunden ihres Vaters. Auch dem Ehepaar Mühlenweg fühlte sich Nelly Dix eng verbunden und nannte die beiden liebevoll ihre »Zieheltern«. Mühlenwegs späteres Erfolgswerk »In geheimer Mission durch die Wüste Gobi« las Nelly bereits vor der Veröffentlichung und kommentierte es humorvoll, einfühlsam und sachkundig. Im Gegenzug nahm sie Mühlenwegs Korrekturen und Anmerkungen zu ihren eigenen Texten gerne an.

Eine weniger gute Erfahrung bescherte ihr die Hitlerdiktatur. Ab 1942 musste Nelly Dix ein Jahr lang, fern der Familie, Arbeits- und Kriegshilfedienst leisten. 1945 wurden Flüchtlinge und Ausgebombte in das große Familienhaus in Hemmenhofen einquartiert. Zu dieser Zeit schrieb sie ihre erste Erzählung: »Meinen Leuten gewidmet«. Ihr Vater und einer der Brüder befanden sich damals in Kriegsgefangenschaft. Nelly wiederum half nicht nur ihrer geliebten Mutter, kümmerte sich um Haushalt und Garten, sondern sorgte auch für Ruhe und Ordnung im überfüllten Heim. In Briefen bezeichnete sich Nelly damals scherzhaft als »einziger Mann im Haus«, als »eine Art virago in Luxusausführung«, als »gefürchteter als je eine waschechte Concierge in Paris«. Dabei raubte ihr die Haushaltsführung allzu viel Zeit, die sie lieber für die Kunst, für »die vielen Bilder« genutzt hätte, die sie noch malen wollte. In ihrer Korrespondenz beklagte sich Nelly augenzwinkernd, sie habe sämtliche Bilder bereits im Kopf, bloß die Ausführung sei »so lästig«.

Um sich von ihrem berühmten Vater abzugrenzen, nannte sich Nelly »Alias Dix« (die andere Dix). Ihre Texte schrieb sie in erster Linie für Freunde und Familie. Sie wurde nie Teil einer Gruppe oder Autorenbewegung, war eine literarische Außenseiterin. Ihre Werke blieben zu Lebzeiten unveröffentlicht, bis auf ein Gedicht. Unter dem Titel »Für Judith« erschien es 1946 in der Zeitschrift »Die Erzählung«.

Nelly Dix' Werke zeugen von Mitmenschlichkeit, Humor und großer Bildung. Herkömmliche Geschlechterrollen betrachtete Nelly mit Amüsement. Sie schrieb spielerisch, sarkastisch, fantasievoll, dennoch der Wirklichkeit zugewandt. Ideologien und Religionen konnte sie wenig abgewinnen. Zwar las sie die Bibel, aber kaum im religiösen Sinne, vielmehr als Teil der Weltliteratur, als tiefen Einblick ins Menschliche. Und sie war fasziniert davon. Bemalte die Seitenwand ihres Bettes mit biblischen Motiven. Setzte die Mythen und Legenden des Alten Testaments schriftstellerisch auf ihre eigene Weise um. Schrieb kraftvoll-subversive Erzählungen über Kain, Noah, David, Hiob, Jonas, Judith oder Salomo. In einem ironisch-modernen Stil, der sich von der häufig bieder-betulichen Schreibweise ihrer Zeit abhob. Schon in jungen Jahren schien Nelly Dix das Funktionieren der Welt zu durchschauen. Von geliebten Menschen wollte sie umgeben sein, den Tag in sinnvoller Tätigkeit verbringen.

So ist es nicht verwunderlich, dass sich Nelly Dix auch eine eigene große Familie wünschte. Die blieb ihr allerdings verwehrt. 1948 brachte Nelly uneheliche Zwillinge zur Welt; beide starben kurz nach der Geburt. Den Vater der Kinder, den Medizinstudenten Günter Thaesler, heiratete Nelly kurze Zeit später. Wohnte aber aus wirtschaftlichen Gründen auch weiterhin im elterlichen Haus in Hemmenhofen.

Ihre Eltern und Brüder betrachteten Nelly als heimlichen Familienmittelpunkt. Auch Besucher zeigten sich hingerissen von der charismatischen jungen Frau, die so temperamentvoll war, so liebenswürdig, voll intelligenten Humors.

Trotz allen Lebensmutes erwies sich die Fernbeziehung zwischen Nelly und ihrem Mann Günter als schwierig. Viel zu selten konnten die beiden einander besuchen. Dennoch brachte Nelly im Jahr 1950 erneut Zwillinge zur Welt. Diesmal überlebte eines der Kinder, Tochter Bettina. Trotz aller Rührung pflegte die junge Mutter einen künstlerisch-unsentimentalen Blick. Dem Ehepaar Mühlenweg berichtete sie etwa, ihr »hübsches, fettes und freches« Mädchen sähe aus wie »Heinrich der Achte«.

Zwei Jahre später kam es zu einer erneuten Frühgeburt; wieder überlebte Nellys Kind nur für wenige Stunden. Am 9. Januar 1955 verstarb Nelly Dix mit gerade mal 31 Jahren vermutlich an den Folgen einer weiteren schwierigen Schwangerschaft. Zwei Tage später wurde sie auf dem

Friedhof Hemmenhofen in der Grabstätte ihrer vier Kinder beigesetzt. Das verwaiste Töchterchen Bettina blieb im Haus ihrer Großeltern.

1961 wurden Nelly Dix' Erzählungen posthum veröffentlicht: »Der Herr ist über Land gefahren« mit einem Geleitwort von Fritz Mühlenweg. Im Jahr 1964 erschien der Band »Joseph der Träumer«. Weitere Erzählungen wurden 2010 unter dem Titel »Ach, meine Freundin, die Tugend ist gut, aber die Liebe ist besser« teilweise neu herausgegeben.

Literatur:

Ekkehard Faude: Laudatio zur Buchvorstellung »Ach, meine Freundin, die Tugend ist gut, aber die Liebe ist besser« im Bodmanhaus. Gottlieben 2010.

Nelly Dix: Ach, meine Freundin, die Tugend ist gut, aber die Liebe ist besser. Lengwil, Libelle 2010.

Nelly Dix: Ich wünschte, sie ginge wieder ins Bett und ließe mich in Frieden meine Mausefallen stellen. Mit einem Nachwort von Anne Overlack. Lengwil, Libelle 2015.

Sehenswert

Im Dix-Museum in Hemmenhofen, dem ehemaligen Wohnhaus der Künstlerfamilie Dix, finden sich noch heute umfangreiche Spuren, auch von Nelly. Der von ihr handbemalte Kachelofen beispielsweise kann im ersten Stock besichtigt werden.
Weitere Informationen:
www.museum-haus-dix.de

Elternhaus und Heimat der Nelly Dix: das Dix-Haus in Hemmenhofen. (Ralf Staiger)

Ahninnenwand

Rätselhafte Fragmente aus der Jungsteinzeit

etwa 3800 v. Chr.

Nachgebildeter Wandfries im Archäologischen Landesmuseum Konstanz. (Archäologisches Landesmuseum Baden-Württemberg/Manuela Schreiner)

Die älteste Wandmalerei nördlich der Alpen zeigt höchst Weibliches: sieben große Frauenfiguren mit erhabenen Brüsten. Die rund sieben Meter lange Wand mit dem einzigartigen Kunstwerk wurde etwa 3.800 Jahre vor unserer Zeitrechnung aus Lehm und Branntkalk gefertigt. Damals verzierte der Wandfries das Innere eines Pfahlbauhauses, das später verbrannte und im Wasser versank.

Die ersten, mit weißer Kalkfarbe bemalten Lehmstücke wurden 1989 bei der Pfahlbausiedlung Ludwigshafen-Seehalde gefunden. Zunächst hielt man sie für Teile einer mit großen Ornamenten versehenen Hauswand.

Im Frühjahr 1990 begannen Unterwasserarchäologen mit ihren ersten Tauchgängen. 50 Quadratmeter Seegrund wurden genauestens untersucht.

Bis 1994 barg man etwa 1.000 Fragmente aus dem Überlinger See. 20 Jahre und eine Menge Geduld benötigten Forscherinnen und Forscher, um sämtliche Teile zu datieren, zu analysieren und in mühsamer Kleinarbeit zusammenzusetzen.

Die Umrisse der Frauengestalten sind in Weiß gezeichnet: kofferförmige Oberkörper, Köpfe, von denen Sonnenstrahlen ausgehen. Markant sind die dreidimensional geformten, fast lebensgroßen Brüste. Auf vielen finden sich weiße Punkte, dazwischen zwei gekreuzte Linien.

An der Wand lassen sich außerdem schematische Bäumchen erkennen: Experten sehen in ihnen übereinandergestapelte Beine in Gebärhaltung. Damit wird der einzigartige Fries als Teil eines mütterlichen Ahnenkultes gedeutet. Stellen die Figuren etwa die Gründermütter einzelner Stämme oder Familien dar? Oder Göttinnen? Die Köpfe mit ihren Sonnenstrahlen ringsherum deuten eine religiöse Verbindung an: Die Frau wird mit der lebensbringenden Sonne gleichgesetzt. Die kleinen Dreiecke dazwischen symbolisieren womöglich ihre Töchter.

Und das Pfahlbauhaus, aus dem die Wand stammt? Es war wohl kein Wohngebäude, meinen die Forscher, sondern erfüllte einen rituellen Zweck. Diente es als Festhaus? Wurden dort besondere Zeremonien und Feiern zur Verehrung der Ahninnen veranstaltet? In der Nähe fand sich auch ein Keramikgefäß in Frauenform, das Reste von Birkenteer enthielt. Die Umwandlung von Birkenrinde in den steinzeitlichen Klebstoff erfolgte also im keramischen »Leib« einer Frau. Dies scheint ebenfalls von magischer Bedeutung gewesen zu sein.

Längst widerlegen Forschungsergebnisse die gängige Idee vom Steinzeitmann als Jäger und Ernährer und der Steinzeitfrau als Sammlerin, Heimfrau und Mutter. Allerorts werden Fundstücke neu bewertet, finden sich Hinweise, dass auch Frauen in der Urzeit Bilder malten, Werkzeuge bauten, jagen gingen oder in den Krieg zogen. Auch die Funde von Ludwigshafen wurden zunächst fehlinterpretiert; man deutete die »Busenwand« als bloßes Fruchtbarkeitssymbol oder erotisches Werk. Erst die weitergehenden Untersuchungen gaben Hinweise darauf, dass es sich bei den Frauen um Ahninnen handelt, die in ihrer Gesellschaft große Wertschätzung erfahren haben mussten.

Wer die würdevollen, fast 6.000-jährigen Frauenfiguren aus der Nähe bestaunen möchte, kann dies im Archäologischen Landesmuseum in Konstanz tun. Dort befindet sich eine maßstabs- und detailgetreue Rekonstruktion der eindrucksvollen Reliefwand.

Literatur:

Sandra Domogalla: Sensationsfund aus Ludwigshafen – Älteste Wandmalereien nördlich der Alpen. www.bodenseepur.de/tag/busenwand/

Sehenswert

Das Archäologische Landesmuseum Baden-Württemberg befindet sich im Gebäude der ehemaligen Benediktinerabtei Petershausen in Konstanz. Es präsentiert archäologische Funde aus dem gesamten Bundesland. Eine Dauerausstellung trägt den Titel »Welt der Pfahlbauten« und zeigt neben der nachgebildeten Ludwigshafen-Kultwand viele weitere einzigartige Funde aus der Stein- und Bronzezeit.

Weitere Informationen: www.konstanz.alm-bw.de

Beim Strandbad Ludwigshafen fand man die ersten Stücke der Ahninnenwand im Jahr 1989. (Ralf Staiger)

Tami Oelfken

Freigeistige Pädagogin und Schriftstellerin

25. Juni 1888 – 7. April 1957

Den Spitznamen »Tami« erhielt die Pädagogin später von ihren Schülern und Schülerinnen – als Abkürzung für »Tante Mieze«. Als Maria Wilhelmine Oelfken wurde sie in eine gut situierte, bürgerliche Familie in Bremen-Blumenthal geboren. Ihr Vater arbeitete als leitender Kaufmann bei der Bremer Wollkämmerei. Ihre Mutter blieb mit den sieben Kindern zu Hause. Die Kindheit schilderte Tami Oelfken als »lieblos«. Von ihren Eltern distanzierte sie sich gründlich. So erinnert sie sich in späteren Jahren in einer »Selbstbiographie« für die »Zeit«:

Das »Tagenbare« meines ehrenwerten Bremer Vaters habe ich nicht geerbt; noch weniger den Fleiß meiner Mutter, zu deren tüchtiger Oldenburger Sippe ich keine verwandtschaftlichen Gefühle habe.

Zeitlebens litt Tami unter einer Behinderung: Ein Bein war 16 Zentimeter kürzer als das andere. Darum bezweifelten die Eltern, dass je ein Mann an ihr Gefallen finden würde, und zwangen sie auf die »fette Weide einer angestellten Lehrerin«. Dabei war der jungen Frau die Schule verhasst. Ihre eigenen Tage an der höheren Mädchenschule bezeichnete sie in der »Zeit«-Biografie als »kärglich und tot«.

Von ihrem pädagogischen Talent sah sich Tami Oelfken selbst überrascht. 1908 bestand sie wider Willen ihr Examen und entpuppte sich als leidenschaftliche, begeisternde Lehrerin. In ihr reifte die Idee, etwas beizutragen, um das Schulsystem zu verändern. An der Volksschule in Bremen-Grohn unterrichtete Tami Oelfken Arbeiterkinder und versuchte schon früh, den Unterricht so lebendig und human wie möglich zu gestalten, ihn an den Bedürfnissen der Kinder zu orientieren.

In ihrer Freizeit bildete sich Tami Oelfken weiter. Beschäftigte sich mit den Reformideen der Bremer Pädagogen Heinrich Scharrelmann und

Tami Oelfken im Jahr 1950 (Staatsarchiv Bremen)

Fritz Gansberg. Die Bereiche Sozialismus, Klassenkampf, Soziologie hatten es ihr besonders angetan. Wenn sie nicht las, pflegte sie ihre Liebschaften. Entgegen der Voraussage ihrer Eltern interessierten sich Männer durchaus für sie; ihre Beziehungen dauerten aber meist nicht lange.

Während des Ersten Weltkriegs führten Tami Oelfkens freiheitliche Vorstellungen von Unterricht immer wieder zu Ärger mit Eltern und Kollegen. 1917 wurde die unkonventionelle Lehrerin an eine andere Schule versetzt.

Zu dieser Zeit lernte Tami Oelfken den Künstler, Pädagogen und Sozialisten Heinrich Vogeler kennen und radikalisierte sich zur entschiedenen Schulreformerin. Wurde Mitglied im Spartakusbund, kurzzeitig auch bei der KPD. 1919 nahm sie an der »Freien Reichskonferenz für das sozialistische Bildungswesen« teil. 1922 musste Tami Oelfken einsehen, dass sie die althergebrachten Verhältnisse an den staatlichen »Prügelschulen« trotz allen Engagements nicht ändern konnte, und quittierte den Staatsdienst in Bremen. Ging nach Berlin. Unterrichtete an verschiedenen Privatschulen. Veröffentlichte erste pädagogische Arbeiten zur Schulreform.

1923 wurde Tami Oelfken auf einen Schulversuch bei Dresden aufmerksam. Dort traf sie den britischen Reformpädagogen A. S. Neill. Seine Vorstellungen von antiautoritärer Erziehung ohne jegliche moralische und religiöse Belehrung begeisterten sie.

1928 gründete Tami Oelfken als erste Frau in Berlin eine eigene Reformschule. Sie finanzierte das Projekt mit ihrem elterlichen Erbanteil. Die »Tami-Oelfken-Gemeinschaftsschule« verfolgte das Konzept eines fächerübergreifenden Gesamtunterrichts und band auch die Eltern stark ein. Die Schule fand regen Zuspruch bei Intellektuellen und Künstlern.

In den frühen 30er-Jahren erschienen Tamis Kinderbücher »Peter kann zaubern« und »Nickelmann erlebt Berlin«. Letzterer wurde von Fe Spemann illustriert. Tami Oelfken bezeichnete die Künstlerin als »große Liebe ihres Lebens«; die beiden teilten sich jahrelang eine Wohnung.

Nach der Machtergreifung schlossen die Nationalsozialisten Tamis Reformschule wegen »kommunistischer und judenfreundlicher Tendenzen« und erteilten Oelfken ein Unterrichtsverbot auf Lebenszeit. Tami verließ Deutschland, ging nach Paris, später nach London. Ihr Ziel: die Schule wieder aufzubauen, damit Kinder von Emigranten dort lernen konnten. Doch alle Versuche scheiterten, und Tami Oelfken geriet zunehmend in materielle Not.

1939 kehrte sie nach Deutschland zurück. Um ihren Lebensunterhalt zu finanzieren, schrieb sie für Zeitschriften, arbeitete für einen Verlag. 1940 erschien ihr erster Roman »Tine«. Der Verlagstext preist eine Titelheldin, »die sich mit der wundervollen Entschlossenheit unverbildeter Jugend in die Notwendigkeiten der veränderten Verhältnisse einzufügen und doch das von den Vätern Überkommene dankbaren Herzens zu hüten weiß.« Tatsächlich thematisiert das Buch Hintergründe aus Tamis eigener Kindheit: die beginnende Industrialisierung des Fischer- und Bauerndorfes Blumenthal, die Ausbeutung der in großer Zahl angeworbenen polnischen Fremdarbeiter, die Folgen der beginnenden Umweltverschmutzung. Nach dem Krieg erschien der Roman als »Maddo Clüver – Konturen einer Kinderlandschaft«.

1942 veröffentlichte Tami Oelfken den Roman »Die Persianermütze«. Im Mittelpunkt steht ein eigenwilliges junges Mädchen, das gesellschaftliche Gebote wie Rationalität, Nützlichkeit oder sportliche Fitness ablehnt und sich stattdessen für geistige Werte interessiert.

Da derlei Werke der Nazi-Ideologie ganz und gar nicht entsprachen, wurden die Bücher der als »Salonbolschewistin« geschmähten Tami Oelfken beschlagnahmt, als unerwünscht und verboten deklariert. Tami flog aus der Reichskulturkammer. Neben ihrem Unterrichtsverbot erhielt sie nun auch ein lebenslanges Schreibverbot. In den folgenden Jahren arbeitete sie unter Pseudonymen für deutsche Zeitungen im Ausland. Wechselte ständig ihren Wohnsitz, um Bespitzelungen zu entgehen, suchte wegen ihres Hüftleidens verschiedene Kliniken auf. 1943 – so schilderte sie es in ihren »Pointen einer Selbstbiographie« – landete sie in Überlingen am Bodensee:

Da erwischt mich der Tag der Freiheit […]. Das Gouvernement Militaire und die Stadt Überlingen geben mir Schutz und rosa Haus mit Garten.

Nach dem Krieg arbeitete Tami Oelfken zunächst für den Südwestfunk und schrieb ab 1950 Erinnerungsbücher und Novellen. Bekannt wurde ihre »Fahrt durch das Chaos – Logbuch vom Mai 1939 bis Mai 1945«: lakonisch verfasste Collagen aus Tagebuchnotizen und erdichteten Briefen an Freundinnen und Freunde. Ihrer noch immer geliebten Fe Spemann widmete Tami Oelfken dieses Werk, das erstmals 1946 im Überlinger Werner-Wulff-Verlag erschien.

Sechs weitere Werke brachte Tami Oelfken heraus, doch ihre Hoffnung auf Rehabilitierung im Nachkriegsdeutschland erfüllte sich nicht. 1951 setzte sie sich mit anderen namhaften Autoren für eine Ost-West-Verständigung ein. Plädierte dafür, auch mit linientreuen DDR-Autoren zusammenzuarbeiten. Die »Zeit« nannte Oelfken prompt eine »Kommunistin mit gefährlichen pazifistischen Ideen«. Einige bundesdeutsche Verlage und Feuilletonisten boykottierten sie.

Ab 1955 erhielt Tami Oelfken eine bescheidene öffentliche Zuwendung »als Ersatz für den durch NS-Verfolgung erlittenen Verdienstausfall«. Auch Freunde unterstützten sie, doch ihr Leben blieb von finanziellen Sorgen überschattet.

Trotz allem, ihren Esprit verlor Tami Oelfken nicht. Mitte der 50er-Jahre hielt es sie nicht länger in Überlingen, diesem »Naturschutzpark am Bodensee«, wie sie die Gegend einmal spöttisch bezeichnete. Sie zog in die Großstadt München.

Dort starb Tami Oelfken am 7. April 1957 infolge einer Operation. Erst nach ihrem Tod wurde ihr Werk allmählich wiederentdeckt.

Literatur:

Tami Oelfken: Sechs Meilensteine auf dem Lebenspfad. Pointen einer Selbstbiographie. In: »Die Zeit«, 27.5.1948.

Tami Oelfken: Fahrt durch das Chaos. Ein Logbuch von Mai 1939 bis Mai. (1946) Neuausgabe: Fahrt durch das Chaos. Ein Logbuch aus Zeiten des Kriegs. Herausgegeben und mit einem Nachwort versehen von Manfred Bosch. Konstanz, Libelle 2004.

Tami Oelfken, Fe Spemann, Gina Weinkauff (Hrsg.): Nickelmann erlebt Berlin. Ein Großstadt-Roman für Kinder und deren Freunde. Berlin/Leipzig, Hentrich & Hentrich 2020.

Sehenswert

Überlingen am Bodensee. Hier verbrachte Tami Oelfken ihre letzten Jahre. (Ralf Staiger)

Tami Oelfkens Text »Der Krieg ist zu Ende« aus ihrem »Logbuch« erwähnt die Arbeiten am Überlinger Stollen. Nach der Bombardierung regionaler Industrieunternehmen 1944 sollte die Rüstungsindustrie unter die Erde verlagert werden. Dafür wurden etwa 800 Häftlinge aus dem KZ Dachau als Zwangsarbeiter missbraucht. In den Goldbacher Felsen mussten sie Gänge sprengen und das Gestein abtransportieren. Rund 240 Häftlinge kamen dabei ums Leben. Heute dient die Anlage als Gedenk- und Dokumentationsstätte. Angeboten werden auch öffentliche Führungen durch den Stollen.
Weitere Informationen: www.stollen-ueberlingen.de

Monika Mann
Weltbürgerin mit eigenen Ideen

7. Juni 1910 – 17. März 1992

Wegen »Muffigkeit« und »Unerfreulichkeit« wurde Monika Mann als 14-Jährige aus dem elterlichen Haus komplimentiert und nach Salem ins Internat geschickt. Sie war das ungeliebte vierte Kind von Katia und Thomas Mann. Nicht nur die Eltern hielten Abstand zu ihr, auch die Geschwister, allen voran die ältere Schwester Erika, betrachteten sie zeitlebens herablassend als das »dumme, problematische Mönle«. Monikas schriftstellerisches Talent quittierte die Familie beharrlich mit Spott, Häme und Ablehnung.

Im Jahr 1924 bestand das Landschulheim Schloss Salem gerade mal seit vier Jahren. Nach dem verlorenen Weltkrieg sollte eine neue geistige Elite herangebildet werden, so das Ziel der Gründer Kurt Hahn und Max Prinz von Baden, und das war teuer: Über 200 Mark Schulgeld monatlich mussten die Eltern pro Zögling bezahlen; selbst für Begüterte wie die Familie Mann ein stolzer Betrag, zumal auch Monikas älterer Bruder Golo das Salemer Internat besuchte. Doch Thomas und Katia Mann waren froh, ihr »faules und renitentes Mönle« einstweilen loszuwerden, das in München eben erst aus der »Höheren Töchterschule« geflogen war. Monika galt als aufsässig, hatte sich kaum am Unterricht beteiligt, Unsinn getrieben, schlechte Noten kassiert und sich überdies in einen Physiklehrer verliebt. In Salem jedoch lebte sich Monika erstaunlich schnell ein, wie sie sich später in ihrer Autobiografie »Vergangenes und Gegenwärtiges« erinnerte. Im »Landerziehungsheim« nahe dem Bodensee habe alles eine Wendung zum »Neuen und Guten« genommen.

Das tägliche Leben war dort streng geregelt. Im Südflügel des Schlosses lebten die Mädchen in »zellenartigen Zimmern«, konsequent getrennt von den Jungs, die im nördlichen Teil des Gebäudes untergebracht waren. Geschlafen wurde in »spartanischen Viererbetten«. Bei jedem Wetter rief

Monika Mann mit Hund (Münchner Stadtbibliothek/Monacensia, EM F 123)

der Hausbursche die gesamte Schülerschaft morgens um halb sieben zum Dauerlauf. Lehrer forderten eiserne Disziplin, zeigten aber gleichzeitig freundschaftliches Verständnis für ihre Schützlinge. Das erlaubte Monika, ein bislang unbekanntes Verantwortungsgefühl, eine »moralische Selbstständigkeit« zu entwickeln. Erstmals erlebte sie, dass Schüler und Schülerinnen wie vollwertige Menschen behandelt wurden, die selbst entscheiden konnten, ob sie sich »blamieren« oder »auszeichnen« wollten.

Damals war die Salemer Institution noch vergleichsweise klein; gerade mal 40 Schülerinnen und Schüler lebten zu Monika Manns Zeiten im Internat, das heute 600 Plätze bereithält.

Monika blühte in Salem auf. Spielte Theater, fand zahlreiche Freunde, verzeichnete Erfolge, vor allem im Musikunterricht. In Mozarts »Figaro« gab sie einmal die Susanna – vor begeistertem Publikum, das hauptsächlich aus Dorfbewohnern, benachbarten Bauern und Edelleuten bestand. Die Aufführung bezeichnet Monika in ihrer Biografie als einen »Haupttreffer« ihrer frühen Jugend.

Als sie mit beinahe 16 Jahren nach Abschluss der Untersekunda das Salemer Internat verließ, wurde das von Schülern und Lehrern sehr bedauert; es hieß, man werde sie vermissen. Monika aber wollte nach Lausanne, dort Klavier studieren.

Das Leben der Schriftstellertochter glich zunehmend selbst einem Roman. Vor dem aufkeimenden Nationalsozialismus flüchtete sie mit ihrer Familie 1933 über Frankreich in die Schweiz und verlor ihre deutsche Staatsbürgerschaft. 1934 ging Monika nach Florenz, studierte Musik und Kunstgeschichte, absolvierte ein privates Klavierstudium. Außerdem lernte sie den ungarischen Kunsthistoriker Jenö Lányi kennen, mit dem sie sich einige Zeit später verlobte. 1938 zog sie mit ihm nach London, wo sie ihn im März 1939 heiratete. Nach deutschen Bombenangriffen beschloss das Paar, in Richtung Kanada zu emigrieren. Ihr Schiff von Liverpool nach Halifax wurde jedoch im September 1940 von einem deutschen U-Boot beschossen und sank. Monikas Ehemann kam ums Leben; Monika selbst trieb 20 Stunden lang in einem Rettungsboot durchs Meer, sah unzählige Menschen, auch Kinder, ertrinken. Ein englisches Kriegsschiff nahm die wenigen Überlebenden schließlich auf. Am 28. Oktober 1940 erreichte Monika New York City, wo sie von ihren Eltern erwartet wurde.

Das traumatische Erlebnis verbesserte die Beziehung zu ihrer Familie kaum, die Eltern schienen sich nicht einmal recht zu freuen, dass ihre Tochter das Unglück überstanden hatte. Katia Mann wird von Monikas Biografin Karin Andert mit den Worten zitiert: »Ich kann mir gar nicht denken, dass sie dies überlebt, bei ihrer psychischen Labilität und wo der Jenö doch wirklich ihr Alles war.«

Laut Andert äußerte sich Thomas Mann ähnlich: »Mir ist eher übel zumute. Moni's Schicksal ist nicht nur traurig, sondern gibt auch Probleme auf.«

Probleme, die sich vor und auch nach seinem Tod nicht lösen ließen. Als Thomas Mann 1955 starb, schrieb Monika bereits an ihrem Erinnerungsband »Vergangenes und Gegenwärtiges«. Dieses Buch nahmen Mutter und Geschwister mit größtem Unmut zur Kenntnis, wurde doch der mächtige Übervater darin dargestellt. Durchaus einfühlsam und zärtlich, aber auch kritisch. Das Verdikt der Familie zitiert Karin Andert mit »unaufrichtig, schief, illegitim«. Die größte Provokation: Zeitgleich hatte Erika Mann einen Bericht über den Vater veröffentlicht, aber das Werk Monikas erwies sich bei Lesern und Kritikern als das Erfolgreichere. Monika, die zu dieser Zeit bereits in ihrer Wahlheimat auf Capri lebte, schrieb an eine Freundin: »Leider ›schäumt‹ die Familie. Fallen über mich her wie die Wölfe [...] Wie sich das alles lösen wird, weiß ich nicht.«

Monika etablierte sich als ernsthafte Autorin, schrieb unzählige Feuilletons und Kurzgeschichten, meist für namhafte Schweizer Publikationen wie »Du« oder das »St. Galler Tagblatt«. Mutter Katia bezeichnete Monikas Schreiben als »letzte Lebenslüge«, die Kluft zwischen Monika und ihrer Familie blieb. Dafür fand sie auf Capri einen neuen Lebenspartner, den wenig standesgemäßen Fischer Antonio Spadaro, mit dem sie bis zu seinem Tod 1985 zusammen war. Danach zog sie zunächst nach Zürich, schließlich zurück nach Deutschland. Am 17. März 1992 starb Monika Mann im Haus von Verwandten in Leverkusen.

Literatur:

MONIKA MANN: Vergangenes und Gegenwärtiges. Erinnerungen. München, Kindler 1956.

MONIKA MANN: Das fahrende Haus: Aus dem Leben einer Weltbürgerin. Hamburg, Rowohlt 2007.

KARIN ANDERT: Monika Mann. Eine Biografie. Hamburg, Mare 2010.

Sehenswert

Ein Ort zum Aufblühen – das Internatsgebäude Schloss Salem. (Ralf Staiger)

Inmitten großzügiger Parks und Gärten liegt das ehemalige Kloster und heutige Schloss Salem. Das prächtige Klosterensemble der Zisterzienser aus dem 12. Jahrhundert gelangte 1802 in den Besitz der Markgrafen von Baden und gehört seit 2009 zu den Staatlichen Schlössern und Gärten Baden-Württemberg.
Das gotische Münster, die barock ausgestatteten Prunkräume, die Wirtschaftsgebäude und Gärten laden Gäste zu einer Zeitreise durch Jahrhunderte klösterlicher Kultur.
Im Schlossgebäude findet sich auch die renommierte Schule Schloss Salem, die Monika Mann 1924 vorübergehend zur geliebten Heimat wurde.
Weitere Informationen: www.salem.de

Annette von Droste-Hülshoff

Dichterin auf der Meersburg

10. Januar 1797 – 24. Mai 1848

Büste der Annette von Droste-Hülshoff am Zugang der Meersburg (Ralf Staiger)

Zu Besuch bei ihrer Schwester auf der Burg Meersburg lernte die Dichterin 1841 den Bodensee kennen und erlebte hier eine Zeit großer Schaffenskraft. Die anno 1797 als Anna Elisabeth Franzisca Adolphina Wilhelmina Ludovica Freiin von Droste zu Hülshoff Geborene stammte aus der Nähe von Münster. Sie wuchs wohlbehütet auf und führte ein zurückgezogenes Leben in der engen westfälischen Adelswelt. Als Kind erhielt Annette, wie sie in der Familie genannt wurde, Unterricht von ihrer Mutter und verschiedenen Hauslehrern. Schon früh litt sie an chronischen Krankheiten und starker Kurzsichtigkeit. Das Schreiben wurde ihr zum Ausgleich.

Sie schuf zunächst Verse und kleine Gedichte, später wagte sie sich an Balladen, ein Trauerspiel, einen Roman und das Ritterepos »Walther«. Ab 1818 arbeitete Annette jahrzehntelang am Gedichtzyklus »Das geistliche Jahr«, der zu ihrem wichtigsten autobiografischen Zeugnis werden sollte. In ihrer berühmten Novelle »Die Judenbuche« entwarf sie das Psychogramm eines Mörders.

Familie und Freunde allerdings hielten nicht viel von ihren literarischen Ambitionen. Zwar wurde Annette laufend gebeten, Gedichte für Geburtstage und andere Familienfeiern zu verfassen, doch eine ernsthafte Karriere als Schriftstellerin schickte sich nicht für eine Frau von adliger Herkunft.

Bei einem Aufenthalt bei den Bökendorfer Großeltern im Sommer 1813 traf die 16-jährige Annette den Märchensammler Wilhelm Grimm. Die Begegnung mit der hochgebildeten, geistreichen, sprühenden jungen Frau musste Grimm zutiefst verunsichert haben. Jedenfalls schrieb er am 28. Juli 1813 an seinen Bruder Jacob, er habe das »Fräulein aus dem Münsterland« als vorlaut empfunden, auch wenn sie viel wisse.

Das im Biedermeier herrschende weibliche Rollenbild beinhaltete: brav dasitzen, sticken, stricken, schweigen. Die anwesende edle Gesellschaft auf gar keinen Fall mit eigenen geistigen Produkten oder einer Meinung belästigen.

Im Gedicht »Am Turme« schildert Annette ihre Sehnsüchte:

Wär ich ein Jäger auf freier Flur
Ein Stück nur von einem Soldaten
Wär ich ein Mann doch mindestens nur
So würde der Himmel mir raten.
Nun muss ich sitzen so fein und klar
Gleich einem artigen Kinde
Und darf nur heimlich lösen mein Haar
Und lassen es flattern im Winde!

Längst wird Annette von Droste-Hülshoff auf gleicher Höhe mit Goethe, Eichendorff, Rilke gehandelt. Doch für die Dichterin selbst war es ein harter Weg: Erst als sie schon über 40 Jahre alt war, gestattete die Familie die Veröffentlichung eines Gedichtbandes, der sich allerdings als Misserfolg erwies.

Annette ließ sich davon nicht abschrecken und schrieb weiterhin gegen alle Widerstände an. Nicht unbedingt zu ihren Lebzeiten wollte sie berühmt werden, sondern »nach hundert Jahren noch gelesen«, wie sie einer Freundin brieflich anvertraute.

Neben der Literatur hegte die vielseitig Begabte auch eine große Liebe zur Musik; als hervorragende Sängerin und Pianistin komponierte Annette Lieder für Gesang und Klavier, die aber erst viele Jahre nach ihrem Tod veröffentlicht wurden.

Da Annette von Droste-Hülshoff nie heiratete, blieb sie abhängig von ihrer Familie. Von ihrer standesbewussten und streng katholischen Mutter und von ihrem Bruder Werner, der die Hülshoffsche Burg geerbt hatte und für Annettes Unterhalt verantwortlich war.

Schwester Jenny hingegen vermählte sich mit dem Freiherrn Joseph von Laßberg, dem auch die Burg Meersburg gehörte. Immer wieder besuchte Annette Schwester und Schwager am Bodensee. Hier konnte sie sich erholen, hier fühlte sie sich befreit von den Pflichten, die zu Hause in Westfalen auf ihr lasteten. Irgendwann betrachtete sie die Bodenseelandschaft sogar als »zweite Hälfte meiner Heimat«, wie sie ihrer Freundin schrieb. Auf der Meersburg entstand ein Großteil ihrer weltlichen Gedichte. Ein umfangreicher neuer Gedichtband, 1844 veröffentlicht, verschaffte seiner Autorin literarische Aufmerksamkeit. Er enthielt Texte wie »Am Bodensee«, »Am Turme« oder »Die Schenke am See«. In ihrem Gedicht »Das alte Schloss« besingt Annette ihr Leben auf der Meersburg:

Auf der Burg haus' ich am Berge,
Unter mir der blaue See,
Höre nächtlich Koboldzwerge,
Täglich Adler aus der Höh',
Und die grauen Ahnenbilder
Sind mir Stubenkameraden,
Wappentruh' und Eisenschilder
Sofa mir und Kleiderladen.

Schreit' ich über die Terrasse
Wie ein Geist am Runenstein,

Sehe unter mir die blasse
Alte Stadt im Mondenschein,
Und am Walle pfeift es weidlich,
Sind es Käuze oder Knaben?
Ist mir selber oft nicht deutlich,
Ob ich lebend, ob begraben!

Statt sich begraben zu fühlen, holte Annette von Droste-Hülshoff einen Gleichgesinnten an den Bodensee: Levin Schücking. Der Sohn einer Jugendfreundin – 17 Jahre jünger als Annette – strebte ebenfalls eine Schriftstellerlaufbahn an. Nach dem Tod seiner Mutter fühlte sich Annette für den jungen Mann verantwortlich; sie verschaffte ihm eine Stelle als Bibliothekar bei ihrem Schwager Joseph von Laßberg auf der Meersburg. Auch persönlich spürte sie große Zuneigung zu ihm, was aber keinesfalls publik werden durfte. Der Alters- und Standesunterschied war zu groß. Im Winter 1841 arrangierte Annette ein mehrmonatiges Zusammensein mit Levin Schücking in Meersburg, fern ihrer wachsamen Mutter. Sie half Levin beim Katalogisieren alter Handschriften, spazierte mit ihm durch die Weinberge und am See, zeigte ihm ihre neuesten Werke und beriet ihn bei seinem eigenen Romanprojekt.

Levin war seinerseits von Annette und ihrer Dichtung äußerst angetan, wie in seiner späteren Besprechung (Juli 1845) in den »Monatsblättern zur Ergänzung der Allgemeinen Zeitung« zu lesen war:

Wenn man sonst einen Band Gedichte irgend einer Dame aufschlägt, so findet man gewöhnlich, was man in allen früheren fand […] Dieser westfälischen Sängerin dagegen gebührt der Ruhm, in die Frauenlyrik durchaus männlichen Ausdruck, entschlossene und energische Kürze und eine Fülle originaler Bilder und Gedanken gebracht zu haben […]

Levin vermittelte einen Abdruck der »Judenbuche« und einiger während des gemeinsamen Aufenthaltes auf der Meersburg entstandenen Gedichte in Cottas »Morgenblatt«. Vom ansehnlichen Honorar erwarb Annette bei einer Versteigerung 1843 ein eigenes Haus in Meersburg: das Fürstenhäusle. Wegen ihrer angeschlagenen Gesundheit konnte sie es aber kaum mehr richtig genießen. Auf der Meersburg hatten ihr die von Laßbergs eine eigene

Wohnung eingerichtet, in die sich Annette immer wieder zurückzog. Vom dortigen Turm aus genoss sie den weiten Blick über den Bodensee.

Im Herbst 1846 kam Annette von Droste-Hülshoff ein letztes Mal zu Besuch auf ihre geliebte Meersburg. Dort verstarb sie im Frühjahr 1848 nach längerer Krankheit mit gerade mal 51 Jahren.

Literatur:

CORNELIA BLASBERG, JOCHEN GRYWATSCH (HRSG.): Annette von Droste-Hülshoff. Handbuch. Berlin, De Gruyter 2018.

DORIS MAURER: Annette von Droste-Hülshoff. Biographie. Meersburg, Turm-Verlag 2006.

MONIKA DITZ, DORIS MAURER: Annette von Droste-Hülshoff und ihre Freundinnen. Meersburg, Turm-Verlag 1996.

BODO PLACHTA (HRSG.): Annette von Droste-Hülshoff (1797 bis 1848): »aber nach hundert Jahren möcht ich gelesen werden«. Wiesbaden, Reichert 1997.

MONIKA GEMMER: »Nach 100 Jahren möchte ich gelesen werden«: Annette von Droste-Hülshoff in Briefen. www.nach100jahren.de

Sehenswert

Sterbezimmer der Annette von Droste-Hülshoff (Ralf Staiger)

Die Meersburg, älteste bewohnte Burg Deutschlands, ist ein prominentes Wahrzeichen der Bodenseeregion. Bereits Ende des 19. Jahrhunderts wurde die Burg der Öffentlichkeit zugänglich gemacht. Neben mehr als 30 mittelalterlichen Räumen können auch Wohnung und Sterbezimmer der Annette von Droste-Hülshoff besichtigt werden. Weitere Informationen: www.burg-meersburg.de

Helene Freifrau von Bothmer

Klug, schön und ausnehmend mutig

8. Dezember 1908 – 22. Februar 1996

Ihr aufregender Lebensweg war ihr nicht in die Wiege gelegt. Die spätere Freifrau von Bothmer kam als Marta Helene Davis in Bolivar, einem kleinen Ort im Mittleren Westen der USA, zur Welt. Ihre Eltern trennten sich, als Helene 14 Jahre alt war. Mit der Mutter zog das Mädchen nach Tennessee, später nach Chicago, wo sie mit 18 Jahren ihren High-School-Abschluss machte.

Helene war ein schüchternes, unsicheres Kind. Ihres guten Aussehens und ihrer Anmut war sie sich vermutlich gar nicht bewusst. Später wurde einer ihrer Lehrer auf das Mädchen aufmerksam; er riet Helene, sich eine Arbeit als Model zu suchen. Die waghalsige Idee erwies sich als erfolgreich: Helene arbeitete für verschiedene Werbeagenturen. Ein Porträt des Malers Ernest Brierly machte sie schließlich bekannt. 1933 gewann das Bild den ersten Preis bei der Weltausstellung in Chicago. In New York avancierte Helene zum Starmodel. Klug, wie sie war, baute sie nicht auf ihren Ruhm, sondern ließ sich nebenbei zur Modezeichnerin ausbilden.

Mit Männern hatte sie zunächst weniger Glück. Schon in jungen Jahren heiratete sie einen Barpianisten, der sie bald verließ. Dann aber lernte sie den deutschen Diplomaten Heinrich von Bothmer-Schwegerhoff kennen. Ihre Verwandtschaft warnte sie eindringlich vor einem Mann aus Hitler-Deutschland. Helene ließ sich nicht beirren und heiratete ihn 1936 in New York. Ihr Antrittsbesuch bei den Schwiegereltern auf Gut Schwegerhoff bei Osnabrück war ihre erste Begegnung mit deutscher Sprache und Kultur.

1940 verstarb Heinrichs Mutter, eine Großnichte der Dichterin Annette von Droste-Hülshoff. Heinrichs Vater, nun 75-jährig, bat seinen einzigen Sohn zurück nach Hause, um das Gut zu übernehmen. Also machte sich

Helene von Bothmer um 1959 (Privatarchiv Monika Taubitz)

das Paar auf nach Deutschland. Kriegsbedingt mussten Helene und Heinrich abenteuerliche Reiseumstände auf sich nehmen. Mit dem Schiff ging's nach Japan und von Wladiwostok mit der Transsibirischen Eisenbahn über Moskau nach Berlin.

Zurück in der Heimat wurde Heinrich wegen seiner Kritik an den Machenschaften Hitlers als Kriegsberichterstatter an die Ostfront versetzt. Helene fertigte Kostüme für einen Ausstattungsfilm in Wien, bis sie als »Ausländerin« von Goebbels entlassen wurde. Danach pflegte sie Kriegsversehrte beim Deutschen Roten Kreuz in Berlin. Die Hauptstadt wurde immer heftiger bombardiert, was Helene auch am eigenen Leib zu spüren bekam. Einmal wurde sie mit Heinrich, der sich gerade auf Heimaturlaub befand, in einer U-Bahn-Unterführung verschüttet und erst nach Stunden gerettet.

Schließlich floh Helene zu ihrem Schwiegervater auf Gut Schwegerhoff. Sie wollte ihm helfen, den Familienbesitz zu retten. Nach der Gesetzgebung der Nazis sollte das Gut enteignet werden, weil es verschuldet und der adelige Eigentümer kein diplomierter Landwirt war. Kurzerhand entschloss sich Helene zu einer landwirtschaftlichen Ausbildung. Absolvierte Praktika, verrichtete körperliche Schwerstarbeit auf verschiedenen Lehrhöfen, Seite an Seite mit russischen Gefangenen.

Kurz darauf versank Deutschland im Kriegschaos. Mehrfach überstand Helene lebensgefährliche Situationen. Ihren Mann Heinrich traf sie im März 1945 für ein paar Minuten bei der Remagen-Brücke, wo er stationiert war. Auf dem Rückweg geriet sie zwischen die deutsche und die amerikanische Front. Zu Fuß, mit dem Fahrrad und per Anhalter war Helene fünf Tage unterwegs und gelangte mit Müh und Not zurück nach Gut Schwegerhoff.

Nur wenige Tage später machte sie sich auf zu ihrer nächsten Mission: Sie sollte die Schulden ihres Schwiegervaters begleichen. Dieser hatte einige Gemälde verkauft und viel Geld dafür bekommen. Mit dem Fahrrad schaffte Helene dieses Bargeld in einem Koffer fast 80 Kilometer weit zu einer Bank in Münster. Doch nicht nur die Bank, sondern die gesamte Stadt lag in Trümmern; der Bankdirektor annullierte den Schuldschein, und Helene durfte das Geld wieder mitnehmen.

Mehrfach sah sich die mutige Amerikanerin in verstörende Ereignisse verwickelt. So entging sie nur knapp einem Bombenangriff, wurde von Tieffliegern beschossen. Einmal stürzte ein Flugzeug in unmittelbarer Nähe des Schwegerhoff'schen Gutshauses ab, und sie half, die Opfer zu bergen.

Nach der deutschen Kapitulation geriet ihr geliebter Heinrich für einige Zeit in französische Kriegsgefangenschaft. Helene setzte alles daran, ihn dort herauszuholen, suchte Hilfe bei einem britischen Militärgouverneur. Nach längeren Bemühungen wurde Heinrich endlich entlassen.

Als körperliches und seelisches Wrack kehrte er zu Helene zurück. Ausgezehrt, von einem Schlaganfall halbseitig gelähmt, von Kriegserlebnissen traumatisiert, brauchte er dringend einen geeigneten Aufenthaltsort, um gesund zu werden. Über seine Mutter hatte er das einstige Eigenheim der Dichterin Annette von Droste-Hülshoff geerbt. Das romantische Fürstenhäusle in Meersburg lag mitten in einem Weinberg, hoch über dem Bodensee. Seit 1923 beherbergte es ein Museum zur Erinnerung an die Dichterin, eingerichtet von Marie Freifrau von Droste-Hülshoff, der Witwe des jüngsten Neffen der Droste.

Heinrich und Helene beschlossen, nach Meersburg zu ziehen.

Sollten die beiden an einen problemlosen Neuanfang geglaubt haben, wurden sie bitter enttäuscht. Das einst schmucke Fürstenhäusle befand sich in einem jämmerlichen Zustand: verwahrlost, leergeräumt, teilweise demoliert, komplett überfüllt. Evakuierte aus zerbombten Städten waren notdürftig darin untergebracht.

Harte Arbeit war nötig, um das Gebäude wieder bewohnbar zu machen. Die Hauptlast trug Helene; ihr schwer kranker Heinrich konnte sie nur moralisch unterstützen. Dabei war es ihm eine Herzensangelegenheit, den 100. Todestag der Droste im Fürstenhäusle zu feiern und das Museum zu Ehren der Dichterin neu einzurichten. In seiner Verwandtschaft befanden sich noch Originalstücke aus dem Besitz der bedeutenden Ahnin: Möbel, Münzen, Scherenschnittarbeiten und wertvolle Handschriften.

Da Meersburg in der französischen Besatzungszone lag, hatte Helene von Bothmer als Amerikanerin mit allerlei Widerständen zu kämpfen. Sie sprach bei verschiedenen Behörden vor, ließ ihren Charme spielen und sich nicht abwimmeln. In Colonel Lindemann, dem französischen Kreisgouverneur, seines Zeichens Droste-Verehrer, fand Helene endlich einen Unterstützer. Bei der Wiederherstellung des Hauses legte sie ordentlich Hand an – mit Erfolg! Pünktlich zum Droste-Jubiläum am 24. Mai 1948 konnte das Fürstenhäusle feierlich wiedereröffnet werden. Auch Dichterlesungen und Konzerte sollten von nun an dort stattfinden.

Im Jahr 1950 verstarb Heinrich. Helene, die das Fürstenhäusle erbte, führte das Museum erfolgreich weiter. Mittlerweile beherrschte sie die deutsche Sprache so gut, dass sie ihre Besucher auch persönlich durchs Museum führen konnte. Ins Leben und Werk der Droste hatte sie sich hervorragend eingearbeitet und zur Expertin entwickelt. Die charmante Art der amerikanischen Freifrau und das eindrucksvolle Interieur des Hauses sprachen sich herum: Die Besucherzahlen stiegen.

Nach dem Tod ihres Mannes blieb Helene nicht lange alleine. 1951 heiratete sie Otto Vollnhals, Droste-Bewunderer und Miteigentümer einer Motorenfabrik. Ein Jahr später starb auch er. Er hatte ihr seine Krebserkrankung verschwiegen.

Zu dieser Zeit entstand der »Internationale Bodensee-Club«, dessen Mitbegründerin Helene war. In den Nachkriegszeiten versuchten kulturelle Kreise der Bodensee-Anrainer Deutschland, Österreich und Schweiz ihre Staatsgrenzen zu überwinden und an verschiedenen Orten gemeinsam Konzerte, Lesungen oder Vorträge zu organisieren. Helene hatte noch eine Idee: Sie wollte Schriftstellerinnen fördern, da es Frauen auch 100 Jahre nach Annette von Droste-Hülshoff im Literaturbetrieb deutlich schwerer hatten als Männer. Mittlerweile kannte sie große Autorinnen wie Nelly Sachs, Rose Ausländer oder Hilde Domin aus nächster Nähe und erfuhr von ihren Sorgen und Nöten. So stiftete Helene von Bothmer den Droste-Preis, den ersten deutschen Literaturpreis für Frauen, den später die Stadt Meersburg übernahm.

Im selben Jahr traf Helene einen Vetter ihres verstorbenen ersten Mannes wieder: Karl Graf von Bothmer war ehemaliger ungarischer Gesandter in der Schweiz. Ihn heiratete sie am 13. November 1953 in Bern.

In den Winterhalbjahren gingen die Eheleute zunächst viel auf Reisen oder lebten in Bern. Später wohnten sie ganzjährig im Fürstenhäusle, das sie um einen Anbau erweitert hatten.

Da sie keine Kinder hatte, verkaufte Helene das Fürstenhäusle im Jahr 1960 mitsamt Inventar und Weinberg für gerade mal 200.000 Deutsche Mark an das Land Baden-Württemberg. Auf diese Weise sollte das Haus für die Nachwelt erhalten bleiben. Als Kuratorin arbeitete und wohnte sie dort weiterhin.

1977 gab sie die Betreuung des Hauses endgültig aus der Hand. Ihr Ehemann war sechs Jahre zuvor gestorben, doch Helene blieb bis 1985 in Meersburg – zumindest im Sommer. Ihre Wintermonate verbrachte sie in Florida, bevor sie 1993 endgültig in ein US-amerikanisches Seniorenstift zog. Am 22. Februar 1996 verstarb sie in Oregon. Auf ihren Wunsch wurde ihre Urne im Grab der Familie von Bothmer auf dem Meersburger Friedhof beigesetzt.

Die Schriftstellerin Monika Taubitz, der Helene von Bothmer eine langjährige Freundin und Förderin gewesen war, brachte im Jahr 2016 mit »Asche und Rubin« eine eindrückliche Biografie dieser so schönen wie mutigen Frau heraus.

Literatur:

MONIKA TAUBITZ: Asche und Rubin: Helene von Bothmer – eine Biographie. Dresden, 2016.

Sehenswert

Helene von Bothmers Droste-Museum im Fürstenhäusle in Meersburg kann in den Sommermonaten besichtigt werden. Nach wie vor befinden sich darin Originalstücke der Annette von Droste-Hülshoff.
Weitere Informationen:
www.fuerstenhaeusle.de

Droste-Museum und Veranstaltungsort: das Fürstenhäusle heute. (Ralf Staiger)

Wendelgard

Hässliche, reiche und selbstbewusste Sagenfigur

13. Jahrhundert

Wendelgard-Interpretation des Künstlers Peter Lenk an der »Magischen Säule« auf der Meersburger Hafenmole. (Ralf Staiger)

Das idyllische Rebgut Haltnau liegt auf Meersburger Gebiet, gehört aber der Konstanzer Spitalstiftung, und das schon seit dem Jahr 1272! Zuvor, so erzählt man sich, besaß die Adelige Wendelgard von Halten das Gut. Reich war sie, und mit zwei markanten Schönheitsfehlern gezeichnet: einem Buckel und einem Schweinsrüssel. Ihre Mahlzeiten aß sie einsam aus einem silbernen Trog, denn niemand mochte ihre Nähe ertragen. Das betrübte sie sehr.

Eines Tages besuchte Wendelgard die Stadtoberen von Meersburg und unterbreitete ihnen ein Angebot: Fortan sollte jeden Sonntag ein Ratsherr mit ihr speisen und ihr die Zeit vertreiben. Bis zum Ende ihres Lebens. Dafür würde Wendelgard das Haltnau-Weingut der Stadt Meersburg vermachen.

Die Meersburger zagten und zauderten. Den schönen Weinberg hätten sie gern gehabt, aber zu solch einem Preis? Kurzerhand reiste Wendelgard über den See und versuchte ihr Glück beim Rat der Stadt Konstanz. Die Konstanzer ließen sich nicht lange bitten und sagten zu. Von da an weilte jeden Sonntag ein anderer Ratsherr auf der Haltnau und bereitete Wendelgard eine schöne Zeit. Einer von ihnen soll – glaubt man den Historikern Norbert Fromm, Michael Kuthe und Walter Rügert – die folgenden Zeilen erfunden haben:

Trotz Wendelgard und Rüssel
Ess ich aus dieser Schüssel
Die Mahlzeit soll gesegnet sein
Ich labe mich am Haltnauwein.

Den feinen Wein hatten sich die Konstanzer am Ende redlich verdient; der Sage nach wurde die selbstbewusste Wendelgard über 90 Jahre alt und überlebte die meisten ihrer ratsherrlichen Gespielen.

In Wirklichkeit kam die Stadt Konstanz auf einfacherem Weg zu ihrem Rebgut. Eine Urkunde im Stadtarchiv verrät den Kern der Sage. Danach vermachte Bürger Ulrich Sommeri am 6. November 1272 dem Konstanzer Heilig-Geist-Spital einen Weinberg in »Halthuon«. Einzige Bedingung: Nach Ulrichs Tod sollte seine Witwe Adelheid jährlich 20 Eimer vom besten Haltnauwein bekommen. War Adelheid die ursprüngliche Wendelgard-Version: hässlich, reich, selbstbewusst, allen weiblichen Klischees trotzend? Jedenfalls prangt das Konterfei der Sagenfigur noch heute – mal mit, mal ohne Schweinsrüssel – auf Weinfässern und -flaschen der Konstanzer Spitalkellerei. Auf der Konstanzer Straßenfasnacht ist Wendelgard immer wieder als Maske anzutreffen. Der Bodensee-Bildhauer Peter Lenk ließ sich ebenfalls von ihr inspirieren: Eine Wendelgard-Skulptur ziert seine »Magische Säule«, die seit 2007 auf der Meersburger Hafenmole zu besichtigen ist. Lenks Interpretation zeigt das Edelfräulein splitternackt und lässig auf einer Weinrebe thronend.

Literatur:

Norbert Fromm, Michael Kuthe, Walter Rügert: Wendelgart von Halten. In: Ulrich Büttner und Egon Schwär (Hrsg.): Neue Sagen der Stadt Konstanz und Umgebung. Stegen, Freiburger Echo 2011.

Sehenswert

An ihrem Wein kann man sich immer noch laben, am besten im Restaurant Haltnau gleich unter Wendelgards Rebgut am Meersburger Ufer. Bis heute tagt dort der Konstanzer Gemeinderat einmal pro Jahr, um die großzügige Wendelgard in Ehren zu halten. Dazu wird zweifellos das eine oder andere Glas Haltnauwein auf die edle Spenderin getrunken.

Der Wendelgard-Turm an der Haltnau mit Blick auf Bodensee und Restaurant. (Ralf Staiger)

Maria Beig

Schriftstellerin und Stimme Oberschwabens

8. Oktober 1920 – 3. September 2018

Maria Beig 2008 am Promipfad beim Höchsten vor ihren Fußabdrücken. Daneben diejenigen von Arnold Stadler und Martin Walser. (Peter Blickle)

Das Literaturdebüt der gefeierten Autorin erschien außerordentlich spät: Als Maria Beigs erster Roman »Rabenkrächzen« veröffentlicht wurde, war sie bereits 62 Jahre alt. Kein Geringerer als der Schriftsteller Martin Walser hatte die frühpensionierte Hauswirtschafts- und Handarbeitslehrerin für die Literaturszene entdeckt. Walser war es auch, der dafür sorgte, dass ihre Texte gedruckt wurden; zu ihrem Debütroman schrieb er ein überschwängliches Nachwort.

Schriftstellerischer Erfolg war der nahe Tettnang geborenen Bauerntochter Maria nicht in die Wiege gelegt. 1920 kam sie als viertes Kind einer Großfamilie auf einem Hof in Senglingen zur Welt. Das Mädchen blieb daheim eine Unangepasste: Ihre Eltern, Hermann und Helene Hund, trauten ihr nicht zu, einen Ehemann zu finden, dafür sei sie nicht schön genug und viel zu verträumt und »empfindsam«. Stattdessen sollte sie etwas »aus sich machen«, so schildert es Maria Beig in ihrer Autobiografie »Ein Lebensweg«.

Der nächstliegende Plan war, es als Nonne zu versuchen. Die junge Maria freute sich schon darauf, zur Mission nach Afrika zu gehen. Dann kam das Dritte Reich. Bei den »Jungmädeln« bewies Maria Führungstalent, die Organisation machte ihr Freude; gleichzeitig befand sie sich in einer Zwickmühle: Der »Vorsatz, eine Nonne zu werden«, passte »nicht in die Zeit«.

Stattdessen wurde sie in die Frauenarbeitsschule geschickt, später zur Landarbeit nach Sachsen-Anhalt. Zurück in der Heimat legte ein ehemaliger Lehrer ihr nahe, ebenfalls Lehrerin zu werden. Da sie aus einer kinderreichen Familie stammte, gab es sogar eine finanzielle Förderung. So konnte Maria 1938 am Pädagogischen Seminar in Kirchheim/Teck eine Ausbildung zur Hauswirtschafts-, Handarbeits- und Turnlehrerin beginnen. 1941 bestand sie die Erste Dienstprüfung. Nahm eine Stelle als Lehrerin in Heilbronn/Sontheim an. Aus den politischen Aktivitäten in Nazi-Deutschland hielt sich Maria von nun an heraus, so gut es ging.

Mit Leben, Liebe und Leuten tat sie sich einigermaßen schwer. Nach mehreren erfolglosen Beziehungen bekam sie 1943 ein Kind von einem verheirateten Soldaten. Der Mann ließ sie sitzen, und Maria kehrte mit dem neugeborenen Sohn Ulrich auf den heimischen Hof zurück. Nahm in der Nähe einen Lehrauftrag an.

Ihr Beruf aber machte ihr keine Freude. Die Schulklassen wurden immer größer; ausgebombte Familien aus anderen Teilen Deutschlands flüchteten aufs oberschwäbische Land. Von den Dorfbewohnern gab es immer wieder Sticheleien wegen des unehelichen Kindes.

Dennoch bestand Maria im Jahr 1948 ihre Zweite Dienstprüfung, die sie endgültig zur vollwertigen Lehrerin machte. Insgesamt unterrichtete sie 35 Jahre an verschiedenen Schulen.

1954 heiratete Maria den Werkzeugmacher Walter Beig und zog im selben Jahr mit ihm in seine Heimat Friedrichshafen, wo sie eine Stelle als Lehrerin fand. 1958 kam ihre Tochter Uta zur Welt. Maria Beig erlebte das Wirtschaftswunder, ging mit Walter erstmals in den Ferien auf Reisen. Ihr Lehrerinnenberuf schlauchte sie, dann starb ihr Sohn Ulrich mit nur 32 Jahren. Seinetwegen hatte Maria jahrelang ein schlechtes Gewissen gehabt. Nun fühlte sie sich endgültig ausgebrannt, am Rand einer Depression. 57-jährig ließ sich Maria Beig frühpensionieren. Endlich durfte sie tun, was sie schon immer wollte: schreiben. »Fabulieren« – so nannte sie ihr Tun in ihrer Biografie: Jeden Morgen notierte sie, was ihr in der Nacht eingefallen war. Mischte Träume mit Realem, Wahres mit Ausgedachtem, Vergangenes mit Gegenwärtigem und schuf daraus ihre ganz eigene Literatur.

Maria Beig beschrieb ihre Heimat. Das Leben auf dem Land. Keineswegs als Idyll, Sehnsuchtsort oder idealisierter Gegenentwurf zum Städter-Dasein. In seltsam lakonisch-gleichmütigem Ton, ohne Pathos oder Melancholie erzählte Maria Beig von schwerer Arbeit, von Aus- und Unfällen, von stigmatisierten Frauen, dem Leid der Tiere. Konflikte zwischen Generationen, Geschlechtern, Mensch und Natur waren ihre Themen. Maria Beigs Schreibweise: kurz, knapp, beschleunigt, offen, schonungslos, jedoch ohne Urteil. Unnötige Worte sparte sie sich.

Und sie scheute sich nicht, mit ihren Texten an die Öffentlichkeit zu gehen. 1980 las sie beim Literarischen Forum Oberschwaben in Weingarten. Dort entdeckte Martin Walser sie – und wurde ihr ein wichtiger Förderer. 1982 erschien Maria Beigs Debütroman »Rabenkrächzen«. Die Literaturkritik feierte sie als späte literarische Entdeckung. Maria Beigs Familie und ihr Dorf hingegen zeigten sich empört über die »Nestbeschmutzerin«, die ihre Heimat anstandslos in den Dreck gezogen habe. Eine »Unverschämtheit«, so bekam es Maria Beig in verschiedenen Briefen und Telefonaten zu lesen und zu hören. Einer ihrer Brüder verbot ihr sogar, Hof und Heimatdorf jemals wieder zu betreten.

Die literarische Öffentlichkeit jedoch war hingerissen von Maria Beig, dieser kleinen, schüchtern-zurückhaltenden Schriftstellerin. 1983 erschien ihr zweiter Roman, »Hochzeitslose«; im selben Jahr erhielt sie den Alemannischen Literaturpreis. Weitere Auszeichnungen folgten: der Literaturpreis der Stadt Stuttgart, der Johann-Peter-Hebel-Preis des Landes Baden-Württemberg, die Ehrenmedaille der Stadt Friedrichshafen.

Diese Stadt war Maria Beig längst zur neuen Heimat geworden und findet ausführliche Erwähnung im Roman »Buntspechte«. Ort der Handlung: Eine Häuserzeile in der Olgastraße, in der sie selbst jahrzehntelang lebte. Inhalt: Der Alltag in einem der elf unterschiedlich gestrichenen Reihenhäuser aus den 50er-Jahren. Deren Bewohner beschreibt Maria Beig listig als »Buntspechte«. Eine eigenwillig-treffende Sicht auf Nachkriegszeit und Wirtschaftswunder.

Insgesamt veröffentlichte Maria Beig acht Romane, eine Autobiografie, etwa 50 Erzählungen. Ihre Romane »Hermine« und »Hochzeitslose« wurden von der US-amerikanischen Schriftstellerin Jaimy Gordon ins Englische übersetzt. 2010 erschien Maria Beigs Gesamtwerk in fünf Bänden.

Am 3. September 2018 verstarb die große Schriftstellerin, die ihren oberschwäbischen Dialekt zeitlebens nie ablegte, mit 97 Jahren im Königin Paulinenstift in Friedrichshafen.

Literatur:

MARIA BEIG: Rabenkrächzen. Mit einem Nachwort von Martin Walser. Frankfurt am Main, Suhrkamp 1983.

MARIA BEIG: Ein Lebensweg. Tübingen, Klöpfer & Meyer 2009.

PETER BLICKLE UND HUBERT KLÖPFER (HRSG.): Maria Beig zu ehren. Eine kleine Festschrift. Tübingen, Klöpfer & Meyer 2010.

MATTHEW NEILL NULL: No judgment, no message, no mercy. In: The Paris Review, 6.10.2015.

ANTON PHILIPP KNITTEL: Gleichmütige Chronistin Oberschwabens – Zum Tod der Schriftstellerin Maria Beig. In: literaturkritik.de, 2018.

FRANZ HOBEN: Leben, um davon zu erzählen. In: Schwäbische Zeitung, 8.10.2015.

Sehenswert

Der Moleturm an der Friedrichshafener Uferpromenade bietet eine wunderschöne Aussicht auf Friedrichshafen, den Bodensee und die Schweizer Alpen. Stahltreppen führen auf die Plattform in 22 Metern Höhe.

Maria Beigs zweite Heimat, wo sie lebte und starb: Friedrichshafen am Bodensee. (Ralf Staiger)

Königin Olga von Württemberg, Öl auf Leinwand von Franz Xaver Winterhalter, 1865 (Staatliche Schlösser und Gärten Baden-Württemberg)

Olga Königin von Württemberg

Retterin des Riedlewaldes

11. September 1822 – 30. Oktober 1892

Von Geburt an trug Olga Nikolajewna Romanowa den Titel »Russische Großfürstin«. Die Tochter von Zar Nikolaus I. und seiner Ehefrau Charlotte von Preußen kam als drittes von sieben Kindern in Sankt Petersburg zur Welt.

»Olly«, wie das Mädchen in der Familie genannt wurde, war klug und aufgeweckt. Bereits mit fünf Jahren sprach sie französisch, russisch und englisch. Früh interessierte sie sich auch für Naturwissenschaften, sammelte Mineralien. Ihre dringlichste Aufgabe lag jedoch anderswo: Im Sinne der väterlichen Diplomatie sollte die junge Großfürstin Olga unbedingt einen angemessenen Ehemann finden. Erste vielversprechende Kandidaten: Kronprinz Max von Bayern (später König Maximilian II.) oder Erzherzog Stephan von Österreich.

Den Winter 1845/46 verbrachte Olga mit ihrer kränkelnden Mutter in Palermo. Dort traf sie Karl von Württemberg, ein Jahr jünger als sie. Schnell entdeckten die beiden gemeinsame Vorlieben: italienische Renaissance, Theater, Musik, Literatur. Den Wünschen ihrer Eltern entsprach der Kronprinz durchaus. Karls Vater, König Wilhelm I. befürwortete die Ehe ebenfalls; er hoffte auf engere Verbindungen zwischen Württemberg und Russland. So heirateten Olga und Karl noch im selben Jahr; die prächtige Hochzeitsfeier fand in Sankt Petersburg statt. Dort blieben die beiden aber nicht lange. Am 23. September 1846 zog das Paar unter dem Jubel der Bevölkerung feierlich in Stuttgart ein. Der Ludwigsburger Arzt und Dichter Justinus Kerner widmete der neuvermählten Kronprinzessin Olga von Württemberg ein Willkommensgedicht:

Fahr freudig weiter in Dein schönes Land,
wo immer Berge grüßen Dich aufs Neue
mit goldnen Trauben von der Felsenwand,
hin, wo der Fruchtbaum seinen grünen Bogen
zum Schattendach Dir wölbt an Neckars Strand,
der zu Dir eilt in himmelblauen Wogen,
in's Land, wo Bürgerherzen hell gezogen
um's Königshaus ein diamantnes Band.

Trotz aller Willkommensgrüße war die Anfangszeit in Stuttgart für Olga nicht einfach. Sie litt an Heimweh nach St. Petersburg. Schrieb sehnsüchtige Briefe an ihre Eltern, Geschwister und Freunde. Von der königlichen Familie im Stuttgarter Neuen Schloss fühlte sich Olga nur wenig freundlich aufgenommen. Das Verhältnis von Kronprinz Karl zu seinem Vater war seit jeher ein schwieriges gewesen: König Wilhelm hielt seinen zurückhaltend-empfindsamen Sohn für unfähig und weigerte sich, ihn in die Staatsgeschäfte einzubeziehen. Auch Olga hielt er auf Abstand; die weiblichen Familienmitglieder, Königin Pauline und deren Tochter Katharina taten es ihm nach.

Erst als Karl und Olga im Jahr 1854 ihr eigens erbautes Kronprinzenpalais beziehen konnten, lebte sich Olga langsam in Stuttgart ein. Sie nutzte einen Teil ihrer Aussteuer, um das Interieur zu finanzieren. Zweiter Wohnsitz wurde die »Villa Berg«, ein hübsches Landhaus außerhalb Stuttgarts. Das Schloss in Friedrichshafen am Bodensee diente dem Kronprinzenpaar als Sommerresidenz.

Von Anfang an widmete sich Olga von Württemberg vor allem karitativen Aufgaben. Sie kümmerte sich um bestehende soziale Einrichtungen und gründete neue. Auch die Versorgung Behinderter und die Bildung von Mädchen lagen Olga am Herzen. 1847 übernahm sie die Schirmherrschaft über die Stuttgarter Heilanstalt für Kinder (das heutige Olgahospital).

Auf eigene Kinder hoffte die Kronprinzessin vergeblich. Schon bald nach ihrer Hochzeit musste sie einsehen, dass ihr Ehemann männliche Liebhaber bevorzugte. Im Jahr 1863 entschied sich Olga, ihre neunjährige Nichte Wera Konstantinowna bei sich aufzunehmen. Das Mädchen litt angeblich an einem Nervenleiden und sollte sich, fern von St. Petersburg, bei ihrer Tante Olga erholen. Nach anfänglichen Schwierigkeiten – Wera galt als wild, laut und vorwitzig – entwickelten Tante und Nichte eine innige Beziehung zueinander. In späteren Jahren wurde Wera von Karl und Olga adoptiert.

Als Karls Vater 1864 starb, wurden Karl und Olga König und Königin von Württemberg.

Bei ihrem Volk war die Königin äußerst beliebt, nicht zuletzt in Friedrichshafen. Der Grund: Noch als Kronprinzessin hatte Olga den Riedlewald nördlich der Stadt vor der Rodung bewahrt. Hatte den Wald gekauft, einen Park angelegt und ihn für die Öffentlichkeit zugänglich gemacht. In seinen »Europäischen Wanderbildern« schwärmte Autor Gustav von Heuser vom neuen Riedlepark:

Nach allen Seiten hin hübsch angelegte Fuß- und Fahrwege, mit zahlreichen Ruhebänken versehen, bieten eine wahre Erholung für alle, welche Waldesstille, Kühle und würzige Tannenluft […] suchen.

Auf diese Weise schuf Olga einen wertvollen Naherholungsraum für Friedrichshafens Bewohner. Ihre einzige Bedingung: Die Stadt sollte auf eigene Kosten eine Lindenallee anlegen und damit einen angemessenen Spazierweg zum Park schaffen. Nach dem Tod der Königin wurde die Anlage von der Stadt gekauft. Um 1870 ließ Olga überdies den Schlosspark renovieren, der damals noch öffentlich zugänglich war. Zwar bot der Garten Raum und Schatten für Spaziergänger, doch Olga wollte ihn vielfältiger gestalten. Rosenbeete wurden angelegt, Mammutbäume gepflanzt, Felsen und Springbrunnen installiert. Mit der Zeit etablierte sich der Park zu einem Pilgerort für naturliebende Einheimische und Touristen.

Der Deutschen Reichsgründung von 1871 stand Olga äußerst kritisch gegenüber. Das Königreich Württemberg drohte in der Bedeutungslosigkeit zu versinken. Karl resignierte ob seines Machtverlustes und flüchtete sich in die Arme männlicher Geliebter. Olga, die ihren Mann an Intelligenz und Willenskraft weit überragte, blieb politisch aktiv, schrieb und stritt, kämpfte um Einfluss. Selbst ihr Gegenspieler, Reichskanzler Otto von Bismarck, konnte nicht umhin, ihr Lob zu zollen. Zahlreiche Quellen zitieren seinen berühmten Ausspruch, die Königin sei der einzige Mann am Stuttgarter Hof.

1888 sorgte König Karls Beziehung zu dem 27 Jahre jüngeren Amerikaner Charles Woodcock für Furore. Mit ihm zeigte sich der König in der

Öffentlichkeit, machte ihn zum Kammerherrn, später zum Baron. Woodcock wiederum nutzte seine Stellung, um Einfluss auf den König zu nehmen. Die Presse erfuhr davon, es kam zu einem Skandal. Der König musste seinen Geliebten aufgeben.

Und Olga? Zwar war ihre Ehe äußerst enttäuschend verlaufen, dennoch brachte sie ihrem Mann zeitlebens große Wertschätzung entgegen. Nach dessen Tod im Jahr 1891 zog die gesundheitlich angeschlagene Witwe nach Friedrichshafen. Dort blieb ihr noch ein Jahr Lebenszeit vergönnt. Am 30. Oktober 1892 starb Königin Olga in Friedrichshafen an einer Herz-Lungen-Lähmung.

Literatur:

Elmar Kuhn: Fremdenverkehr in Friedrichshafen bis zum Ersten Weltkrieg. In: Internationaler Arbeitskreis Bodensee-Ausstellungen (Hrsg.): Sommerfrische. Die touristische Entdeckung der Bodenseelandschaft. Rorschach, Rorschacher Neujahrsblätter 1991, S. 125–138.

Gustav von Heuser: Friedrichshafen am Bodensee. Europäische Wanderbilder Bd. 125. Zürich, Orell Füssli 1887.

Annemarie Röder, Catharina Raible: Olga. Russische Großfürstin und württembergische Königin. Ein Leben zwischen höfischer Repräsentation, Politik und Wohltätigkeit. Stuttgart, Haus der Heimat des Landes Baden-Württemberg 2008.

Detlef Jena: Königin Olga von Württemberg. Glück und Leid einer russischen Großfürstin. Regensburg, Pustet 2009.

Justinus Kerner: Willkomm für die neuvermählte Kronprinzessin v. Württemberg, Großfürstin Olga. In: Weinsberger Chronik. Stuttgart, Nitzschke 1860, S. 270.

Sehenswert

Der Riedlepark, Olgas wichtigstes Vermächtnis an die Stadt, ist noch heute die größte grüne Oase Friedrichshafens. Dort finden sich unter anderem ein Bewegungsparcours mit sieben Trainingsstationen sowie ein Naturlehrpfad. Weitere Informationen: www.friedrichshafen.de

Königin Olgas grünes Vermächtnis an die Stadt Friedrichshafen: der Riedlewald. (Ralf Staiger)

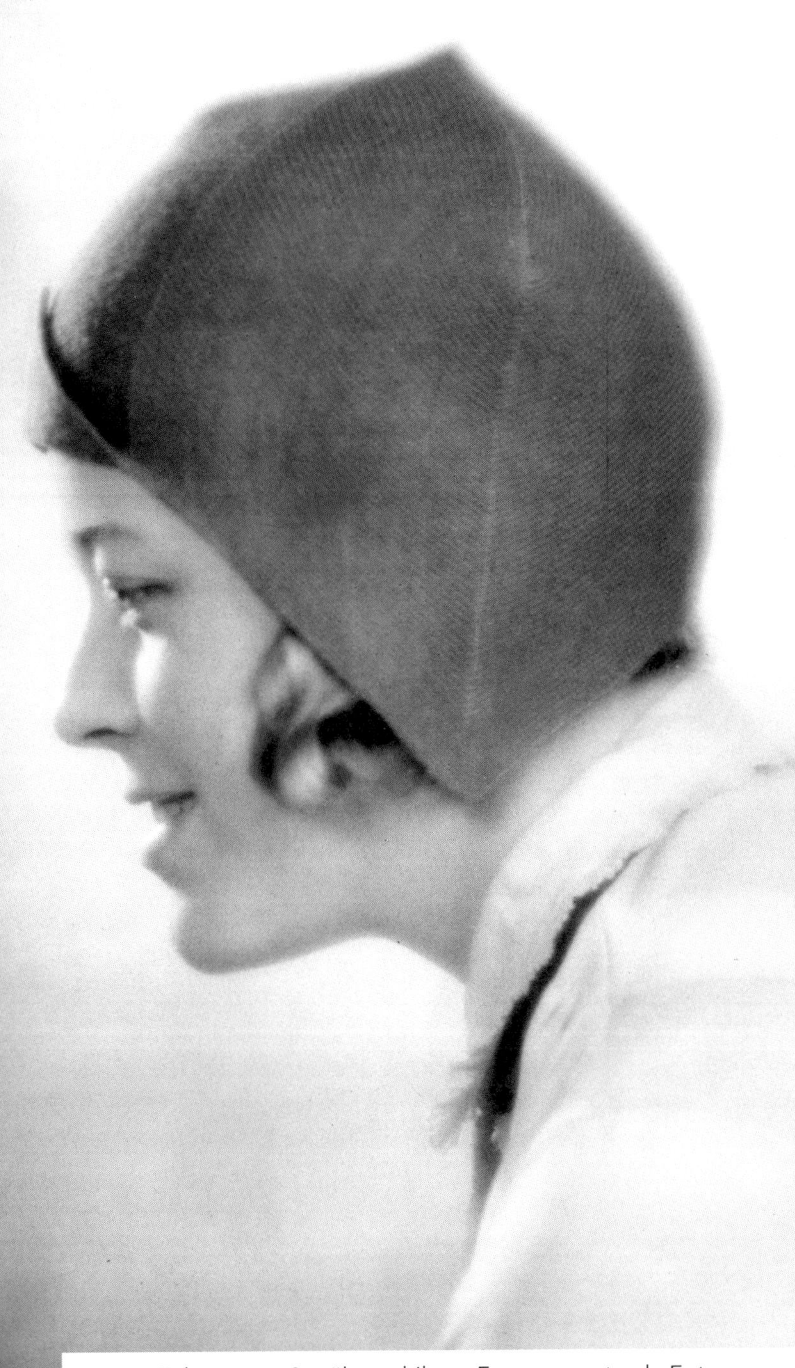

Lotte Eckener 1928 während ihres Engagements als Fotografin im angesehenen Berliner Atelier Binder. (picture alliance/ullstein bild)

Lotte Eckener
Verlegerin und Fotografin

8. Februar 1906 – 24. Februar 1995

Der prominente Luftschiffpionier, freie Schriftsteller und Journalist Hugo Eckener war ihr Vater; der Maler und Grafiker Alexander Eckener ihr Onkel. Technische wie schöpferische Vielseitigkeit wurde der gebürtigen »Häflerin« damit in die Wiege gelegt.

Nach einem kurzen familiären Abstecher nach Hamburg wuchs Nesthäkchen Lotte ab 1909 mit ihren älteren Geschwistern Hanneliese und Knut erneut in Friedrichshafen auf. Auf umfassende Bildung legte man bei den Eckeners großen Wert. So wurde Lotte als junges Mädchen auf eine Schule für höhere Töchter geschickt. Das Häfler »Paulinenstift« gab sich international, die Schülerinnen genossen mehrsprachigen Unterricht und kamen aus der ganzen Welt. Einen Riss erhielt Lottes behütete Jugend, als sie 13 Jahre alt war: Ihre ältere Schwester ertrank im Bodensee, nachdem sie mit dem Ruderboot in einen Sturm geraten war.

1924 verließ Lotte Eckener ihre Heimat. In München erlernte sie an der »Staatlichen Höheren Fachschule für Phototechnik« das Handwerk der Lichtbildkunst. Danach zog sie nach Berlin, um beim Mode- und Porträtfotografen Alexander Binder zu arbeiten. Dessen Atelier am Kurfürstendamm genoss einen weitreichenden Ruf: Die Prominenz der Goldenen Zwanziger Jahre ließ sich gerne von Binder fotografieren.

Hier feierte Lotte Eckener ihre ersten beruflichen Erfolge. Sie fotografierte für die Werbung. Porträtierte Berühmtheiten wie Anny Ondra, Josef von Sternberg, Helene Thimig oder Carl Zuckmayer. Vor allem Letzterer zeigte sich angetan vom künstlerischen Talent der jungen Frau, und er ermutigte sie in ihrer Arbeit. Mit ihrer Stegemann-Plattenkamera dokumentierte Lotte das ausschweifende Leben der frühen Berliner Jazz-Ära in eindringlichen Schwarz-Weiß-Fotos, etwa im spannungsreich ausgeleuchteten Bild »Tänzerin mit Stange«.

Doch Lotte Eckener fotografierte nicht nur Menschen. Landschaften in unterschiedlichster Spielart waren ihr ein wichtiges Motiv. Von ihrer Liebe speziell zu Bäumen zeugt ihr erster Fotoband »Die Welt der Bäume«, den sie 1933 im Berliner Cassirer-Verlag herausbrachte. Sogar im Bau begriffene Luftschiffe hob sie ins Bild und offenbarte damit eindrucksvoll die filigrane Struktur der am Himmel so massiv wirkenden Zeppeline.

Anfang der 30er-Jahre ging Lotte Eckener auf Reisen. In New York hatte man ihren Vater wenige Jahre zuvor für seinen Nonstop-Zeppelinflug über den Atlantik mit einer Konfettiparade gefeiert. In eben dieser Stadt entdeckte Lotte nun die »Neue Welt« für sich und übersetzte futuristische Hochhauslandschaften in bizarre fotografische Kompositionen.

1932 kehrte Lotte Eckener zurück ins Alte Europa. In Rom studierte sie die »Schönen Künste« und erkundete antike Architektur mit der Kamera. Ihren Vater begleitete sie außerdem nach Ägypten und auf die indonesischen Inseln Java und Bali. Hugo Eckener galt nicht nur als »Magellan der Lüfte«; er war auch ein begeisterter Seefahrer, dem sich die Tochter gerne anschloss.

Letztendlich jedoch blieb Lotte ein Kind des Bodensees. Weitblick, Wasser, Weinhänge und nicht zuletzt die Liebe zogen die junge Frau wieder in ihre Heimat. 1936 heiratete sie den Konstanzer Zahnarzt Paul Simon. Ihre vielseitigen Fähigkeiten nutzte sie ab sofort, hiesige Landschaft und Kunst fotografisch aus ungewöhnlichen Blickwinkeln zu zeigen. Mit ihrem bordeauxroten Cabriolet Fiat Balilla erkundete sie die deutschen, Schweizer und österreichischen Orte rund um den See. Lotte Eckeners Stadt- und Naturbilder sind mal still und stimmungsvoll, mal grandios beleuchtet und dramatisch inszeniert. Mitte der 30er-Jahre erschienen diese Fotografien in dem erfolgreichen Bildband »Bodensee. Landschaft und Kunst«.

Obwohl selbst nicht gläubig, entwickelte sie einen speziellen Blick für sakrale Kunst. Das beweisen ihre Fotos von Madonnenskulpturen, deren Ausdruck sie durch den gezielten Einsatz von Licht geradezu meisterlich verstärkte. Da ihre künstlerischen Themen politisch kaum verfänglich waren, konnte Lotte Eckener auch nach der Machtergreifung der Nationalsozialisten noch selbstbestimmt arbeiten.

Nach dem Zweiten Weltkrieg entdeckte Lotte Eckener ihr Händchen fürs Unternehmertum. Mit der Grafikerin Marlis Schoeller hob sie 1949 den »Schoeller-Bild Kunstverlag« in Kattenhorn aus der Taufe, zu dem ein Jahr später eine dritte Frau stieß: Martha Koch, Gattin des Konstanzer Dramaturgen Walter Koch. In Form von Postkarten und Bildbänden veröffentlichte der Verlag Arbeiten berühmter Höri-Künstler. Zu Otto Dix pflegte Lotte Eckener freundschaftlichen Kontakt; Hermann Hesse widmete ihr das Gedicht »Nachtregen im Sommer«.

Nach dem unerwarteten Tod Marlis Schoellers führte Lotte Simon-Eckener den Verlagsbetrieb mit Martha Koch ab 1954 unter dem Namen »Simon + Koch« in Konstanz weiter; er gilt als der erste von Frauen gegründete deutsche Buchverlag nach dem Krieg. Im Jahr 1956 präsentierte sich das junge Unternehmen erstmals auf der Frankfurter Buchmesse. Die beiden Frauen packten Lotte Eckeners Fiat Topolino bis unters Dach voller Bücher und fuhren nach Frankfurt, wo sie ihre Publikationen gut verkaufen und neue Geschäftsbeziehungen knüpfen konnten.

Das Verlagsprogramm umfasste Kunst- und Landschaftspostkarten sowie Fotobildbände, deren attraktive Gestaltung von der Kritik stets gelobt wurde. Auch der aufkeimenden Reiselust der Nachkriegs-Deutschen trug der Verlag Rechnung. Von neuen touristischen und bildungsnahen Zielgruppen jenseits der Bodenseeregion zeugen Bildbände über Venetien, Katalonien, Apulien, die Toskana, die Provence oder Mexiko.

Im Alter von 61 Jahren beendete Lotte Eckener ihre Arbeit als Verlegerin. Das Fotografieren – mittlerweile auch in Farbe – blieb ihr weiterhin wichtig. Ihren letzten Lebensabschnitt verbrachte sie im Konstanzer Altenstift Rosenau, wo sie 1995 verstarb.

Die so vielseitig interessierte und abenteuerlustige Lotte Eckener hat unverwechselbare Spuren in der Dreiländerregion Bodensee hinterlassen. Sieben Bücher veröffentlichte sie unter ihrem Mädchennamen, 30 Kunst- und Fotobände als Verlegerin. Ihr künstlerisches Schaffen und ihre Verlagsarbeit haben das Bild vom Bodensee bis zum heutigen Tag mitgeprägt.

Literatur:

Dorothea Cremer-Schacht und Siegmund Kopitzki (Hrsg.): Lotte Eckener: Tochter, Fotografin und Verlegerin. Konstanz, UVK 2021.

Sehenswert

Das Zeppelin-Museum in Friedrichshafen liegt am ehemaligen Hafenbahnhof direkt am See. Hier kann die weltgrößte Sammlung zu Geschichte und Technik der Luftschifffahrt besichtigt werden, inklusive einer begehbaren originalgetreuen Rekonstruktion eines Teils von LZ 129 »Hindenburg«. Daneben zeigt eine Kunstsammlung die größten Meister Süddeutschlands vom Mittelalter bis zur Neuzeit.
Weitere Informationen:
www.zeppelin-museum.de

Das Zeppelin-Museum Friedrichshafen. Hier fand 2006 eine Ausstellung mit den Werken Lotte Eckeners statt. (Zeppelin-Museum/Ulrike Myrzik)

Elisabeth von Plotho

Die wahre Effi Briest

26. Oktober 1853 – 4. Februar 1952

Nicht jeder wird es wissen, aber: Theodor Fontanes tragischer Gesellschaftsroman »Effi Briest« basiert auf einer realen Person. Doch statt am Ende jung und publikumswirksam an gebrochenem Herzen zu sterben wie die Titelheldin im Buch, überlebte das Original den Romanautor um ganze 54 Jahre.

Elisabeth Freiin von Plotho, brandenburgischem Uradel entstammend, kam als Familienjüngste auf Gut Zerben an der Elbe, nordöstlich von Magdeburg zur Welt. Ihre Eltern, Gutsherr Felix von Plotho und Marie von Welling, erzogen das Mädchen vergleichsweise liberal. Mit ihrem älteren Bruder und drei Schwestern wuchs »Else« frei und ungezwungen auf. Sie spielte mit den Dorfkindern »Räuber und Gendarm«, lernte mit fünf Jahren reiten, ließ sich vom Gärtner das Pfeifen beibringen.

Als Elisabeth zehn Jahre alt war, verstarb ihr Vater bei einem Jagdunfall. Von da an änderte sich ihr Leben allmählich. Da es ihrer Mutter wichtig war, sie standesgemäß zu verheiraten, begann nun die Erziehung zur höheren Tochter. Aus »unserem Elschen«, wie ihre einfachen Spielgefährten sie nannten, wurde ein »gnädiges Fräulein«. Umgang in vornehmen Kreisen stand ab jetzt auf dem Programm: Hausmusik, gepflegte Konversation, Gesellschaftstanz mit jungen Offizieren. Elisabeths 15. Geburtstag setzte ihren ungebundenen Jugendjahren endgültig ein Ende.

Nun galt es, den passenden Ehemann zu finden. Der fünf Jahre ältere Offizier Armand Léon von Ardenne war ganz nach dem Geschmack ihrer Mutter: vermögend, gebildet, von guter Familie. Wann immer Ardenne auf Gut Zerben zu Gast war, erinnerte sich Elisabeth in ihren Aufzeichnungen, habe sie ihm beim Klavierspielen zuhören müssen, obwohl sie gar keine Lust dazu hatte.

Die Mutter aber blieb hartnäckig und versuchte, Elisabeths Interesse auf anderem Weg zu wecken. Sie lud Ardenne, bekannt als verwegener Reiter, zum

Elisabeth von Plotho (Gemeinde Elbe-Parey)

traditionellen »Pfingstrennen von Zerben« ein. Mit seinem Schimmel gewann er den Wettkampf und bekam den Pokal von Elisabeth höchstpersönlich überreicht. Sie aber hatte vor allem Augen für das Pferd und bat Ardenne, es eine Runde reiten zu dürfen. Nur zögernd stimmte er zu; schon schwang sich Elisabeth auf den Pferderücken und ritt in gestrecktem Galopp davon. Beim Sprung über einen Graben stürzte sie aus dem Sattel, blieb im Steigbügel hängen, wurde einige Meter mitgeschleift, aber nur leicht verletzt. Um ihr zu beweisen, wie sehr dieser Unfall sein Ehrgefühl kränkte, wollte Ardenne sein Pferd auf der Stelle erschießen; im letzten Moment hinderte ihn ein Freund daran. Da sich Elisabeth eine kleine Gehirnerschütterung zugezogen hatte, bekam sie den Vorfall nicht mit. Dennoch lehnte sie seinen ersten Heiratsantrag ab.

Im Juli 1870 zog Ardenne in den Deutsch-Französischen Krieg und bat, Elisabeth aus dem Feld schreiben zu dürfen. Einige Briefe später kehrte er verwundet zurück. Sein Anblick auf Krücken und seine anschaulichen Erzählungen vom Kriegsgeschehen machten wohl Eindruck auf das junge Mädchen. Nun endlich war sie bereit, sich zu verloben. Am 1. Januar 1873 heiratete Elisabeth von Plotho ihren Kriegshelden auf Gut Zerben. Sie war 19 Jahre alt.

Noch am Hochzeitstag zog das junge Paar nach Berlin, wo die gemeinsamen Kinder Margot und Egmont zur Welt kamen. Als Berufsoffizier wurde Ardenne immer wieder versetzt, daher musste die Familie häufig ihren Wohnsitz wechseln. Metz und ab 1881 Düsseldorf waren die nächsten Stationen. Dort wurde ihnen das Rokokoschlösschen Benrath zur neuen Heimat – ein vordergründiges Idyll.

Das Ehepaar freundete sich mit Künstlern an. Zeigte sich gastlich, lud zu Abendgesellschaften. Bei einem dieser Anlässe lernte Elisabeth den Amtsrichter und Sportpädagogen Emil Ferdinand Hartwich kennen, Hobbymaler und bekennender Anhänger körperlicher Ertüchtigung. Selbst lebte er vor, was er schrieb und predigte: Er joggte morgens ins Büro, schwamm im Rhein. Ein Freigeist war er noch dazu. In vornehmer Gesellschaft erlaubte das durchtrainierte Multitalent sich gelegentlich den Scherz, auf Händen in die Festräume zu schreiten. Seine Eloquenz und sein Humor beeindruckten Elisabeth zutiefst.

Zu dieser Zeit glänzte ihr ehrgeiziger, vielbeschäftigter Ehemann vor allem durch Abwesenheit. Hatte nur wenig Zeit für Frau und Kinder. Um aus dem Haus zu kommen, saß Elisabeth dem Maler Hartwich gelegentlich Modell für seine Bilder. Sie beruhigte sich mit dem Gedanken, dass Hartwich ein Freund ihres Mannes und verheiratet war. Zwischen den beiden kam es zu wachsender Vertrautheit – und schließlich zu einer Liebesbeziehung.

Im Jahr 1884 wurde Ardenne ins Kriegsministerium versetzt; in der Folge zog die Familie zurück nach Berlin. Hartwich begann, seiner Geliebten Briefe zu schreiben. Als sein Schwiegervater starb, fuhr er in die Hauptstadt und nutzte die Gelegenheit, Elisabeth häufig zu besuchen.

Spätestens jetzt wurde ihr Ehemann misstrauisch. Gewaltsam öffnete er Elisabeths Schatulle, in der er zahlreiche Briefe des heimlichen Liebespaares vorfand. Ardenne stellte Elisabeth und Hartwich zur Rede. Sie gaben ihre Affäre zu. Da Ardenne sich in seiner Ehre zutiefst verletzt sah, forderte er seinen Nebenbuhler zum Duell. Am 27. November 1886 feuerte Ardenne im Volkspark Hasenheide mehrere tödliche Schüsse auf Hartwich ab. Dieser starb vier Tage später in der Berliner Charité.

Der »Fall Ardenne« geriet zum gesellschaftlichen Skandal und erregte großes Aufsehen in Politik und Presse.

Und Elisabeth? Ardenne reichte die Scheidung ein und bekam die Kinder zugesprochen. Fortan wurde Elisabeth jeglicher Umgang mit der Familie untersagt. Für die 34-Jährige begann ein harter, neuer Lebensabschnitt. Anders als Effi Briest, die in Fontanes Roman am Tod ihres Geliebten und der Trennung von ihrer Tochter zerbricht, ließ sich Elisabeth jedoch nicht unterkriegen. Zunächst zog sie nach Bad Boll am Fuße der Schwäbischen Alb. Dort wurde ihr der Pfarrer und Sozialist Christoph Blumhardt zum Lebenshelfer. Später ging Elisabeth in die Schweiz, ließ sich zur Krankenschwester ausbilden, arbeitete in Krankenhäusern, Lazaretten, Nervenheilanstalten. Jahrzehntelang betreute sie die schwermütige, vermögende Fabrikantentochter Margarethe »Daisy« Weyersberg, die sich schließlich zur engen Begleiterin entwickelte. Und auch zu den Kindern Margot und Egmont fand Elisabeth nach langen Jahren wieder guten Kontakt. Nur mit ihrem geschiedenen Ehemann Armand von Ardenne versöhnte sie sich nie.

Um dem Getriebe des Ersten Weltkriegs zu entgehen, bezogen Daisy und Elisabeth im April 1918 eine Villa in Lindau mit Blick auf den Säntis. In einem Brief an ihre Schwiegertochter berichtete Elisabeth überschwänglich von der reizvollen Lage ihrer neuen Heimat. Den »wunderbar üppigen« Wiesen, den »überraschenden« Mulden und Tälern und der abwechslungsreichen und »nie beengenden« Aussicht auf die »majestätisch grüßenden« Alpen.

Damals ahnte Elisabeth noch nicht, dass sie ihr letztes Lebensdrittel in diesem so schön gelegenen Lindauer Haus verbringen sollte. Dort empfing sie ihre Enkel. Fuhr selbst in hohem Alter noch Fahrrad und Ski. Erlebte den Zweiten Weltkrieg.

Ihren 90. Geburtstag beging Elisabeth, von Enkeln umgeben, mit einem Ausflug auf den Pfänder. Anschließend gab es ein für Kriegszeiten vergleichsweise üppiges Festmenü: Tomatensuppe, Früchte aus dem Garten, Bodensee-Felchen und Crème brûlée.

Im vorletzten Kriegsjahr wurden Ausgebombte in der Lindauer Villa im Hochbucher Weg 45 einquartiert. Zu Ende des Krieges war Elisabeth beinahe taub und blind; außerdem litt sie an Gicht. Bis zum Schluss wurde sie von Daisy, den Kindern und Enkeln treu umsorgt. Am 5. Februar 1952 verstarb Elisabeth von Plotho mit 98 Jahren in Lindau am Bodensee.

Theodor Fontane war durch Zeitungsberichte auf Elisabeths Schicksal aufmerksam geworden. Persönlich lernte er sie nie kennen. Von seinem Roman »Effi Briest« wird Elisabeth gewusst haben. In ihren Lebenserinnerungen hat sie sich jedoch kein einziges Mal zu ihrem literarischen Alter Ego geäußert.

Literatur:

MANFRED FRANKE: Jenseits von Effi Briest. Elisabeth von Ardenne erzählt aus ihrem Leben. Marburg, Büchner 2019.

HORST BUDJUHN: Fontane nannte sie »Effi Briest« – Das Leben der Elisabeth von Ardenne. Berlin, Quadriga 1985.

Sehenswert

Oberhalb der Lindauer Insel liegt der Hochbucher Weg; von dort aus sind Säntis und See gut zu erkennen. Im Haus Nummer 45 lebte Elisabeth von Plotho bis zu ihrem Tod.

Lindau, letzte Heimat der Elisabeth von Plotho. (Ralf Staiger)

So könnte sie ausgesehen haben, die Köchin und Kochbuchautorin Christine Charlotte Riedl. (Zeichnung von Ralf Staiger)

Christine Charlotte Riedl

Erste Autorin eines deutschen Kinderkochbuchs

31. Mai 1801 – 9. September 1873

Da es seit einigen Jahren immer mehr üblich geworden ist, dass Eltern ihre Mädchen zu Weihnachten mit eingerichteten Küchen samt Kochherden bescheren, so mangelte doch bisher noch das Kochbüchlein dazu. Ich habe nun hiermit gegenwärtiges Kochbüchlein verfasst, in der Absicht und zu dem Zwecke, dass die Mädchen nach Anleitung desselben im Stande sind, von ihren Küchen und Kochherden Gebrauch zu machen.

Diese Worte schrieb Christine Charlotte Riedl anno 1854 ins Vorwort zur ersten Auflage ihres Kinderkochbuchs. »Die kleine Köchin« war nicht ihr erstes Werk; bereits im Jahr 1851 hatte sie ein Kochbuch für Erwachsene verfasst und damit große Bekanntheit erlangt. »Die kleine Köchin« jedoch wurde ihr zum Meilenstein: das erste in Deutschland veröffentlichte »Puppenkochbuch«.

In Oßweil bei Ludwigsburg war Christine Charlotte Riedl zur Welt gekommen, als Tochter der Bauersleute Jakob Philipp Schmid und Sophie Menner. Von Kindesbeinen an hegte sie eine große Leidenschaft fürs Kochen und Backen. Als junge Frau ging Christine nach Augsburg und ließ sich dort im Gasthof »Zur goldenen Traube« als Köchin ausbilden. Im Vorwort ihres »Lindauer Kochbuchs« für Erwachsene schildert sie ihren Lebensweg:

In einer höheren Küche genoss ich einen ebenso umfassenden als gründlichen Unterricht, hielt mich dann in mehreren großen Städten und Bädern auf und stehe nun seit vielen Jahren einer eigenen, ausgedehnten Wirtschaft vor.

Diese »eigene, ausgedehnte Wirtschaft« war die Lindauer Gaststätte »Zum Goldenen Lamm«. Am 27. Oktober 1831 hatte Christine den Inhaber geheiratet, den 21 Jahre älteren Witwer Georg Walter Schlatter. Christine und Georg bekamen insgesamt fünf Kinder. Nur zwei von ihnen, Sophie und Franz Ludwig, erreichten das Erwachsenenalter. Ehemann Georg verstarb im Jahr 1842.

Zwei Jahre später heiratete Christine den Gutsbesitzer Clemens Wolfgang Riedl aus Reutin. Mit ihm führte sie das »Goldene Lamm« zunächst weiter. In dieser Zeit, so schildert es Christine in ihrem Vorwort, wurde sie von Freunden und Bekannten

[…] viel und oft […] angegangen, die Erfahrungen, welche ich während einer langen Reihe von Jahren im Gebiete der Kochkunst gesammelt habe, durch den Druck zu veröffentlichen. Lange sträubte ich mich dagegen. Ich wies auf die Menge der bereits vorhandenen Kochbücher, unter denen so viele höchst brauchbare und treffliche. Aber meine Freunde gaben nicht nach, so dass ich mich endlich entschloss, ihrem Verlangen zu entsprechen.

Also verfasste Christine Charlotte Riedl ihr »Lindauer Kochbuch« von 1851, das sich als großer Erfolg erwies und bis zum Jahr 1925 15-mal aufgelegt wurde. Speziell in Süddeutschland war das Buch weit verbreitet. Es enthielt 1.600 Rezepte für die »bürgerliche und feinere« Küche. Bis weit in die 90er-Jahre wurde es mehrfach nachgedruckt.

Ab 1853 führte Christine Riedl mit ihrem zweiten Ehemann die Gaststätte des neu eröffneten Lindauer Bahnhofs. Trotzdem fand sie noch Zeit, ihre »Kleine Köchin« zu schreiben. Das Puppenkochbuch machte Christine Riedl noch berühmter als zuvor. Zunächst erschien das Werk bei einem Lindauer Verlag, bei weiteren Auflagen erhielt es den Untertitel »Kochbüchlein zu kleinen Kochöfen«. Die vierte Auflage wurde 1892 von einem Nürnberger Verlag herausgegeben. Ab sofort lautete der Titel »Nürnberger Puppen-Kochbuch«. Als werbewirksames Pseudonym erhielt Christine Charlotte Riedl vom Verlag den Namen »Tante Betty«.

Damit wuchs der Erfolg des Buches noch einmal erheblich: Bis zum Jahr 1914 erschien es in 16 Auflagen.

Das Buch enthält 47 Rezepte, die auf sehr kleine Mengen reduziert sind und sich mit einfachsten Küchengeräten zubereiten lassen. Suppen, Soßen, Süßspeisen – alles, was Herz und Magen begehren, kann mit »Tante Bettys« Anleitung nachgekocht werden. Zu ihrer Zeit durften Kinder sogar mit Alkohol umgehen, wie das folgende Rezept beweist:

Bier-Suppe: Man nehme eine Messerspitze voll Mehl, rühre es in der Pfanne mit 1/8 Liter (1/2 Schoppen) Milch an, vermenge dasselbe mit 4 Kaffeelöffel Eigelb, ein Stückchen Zimmt, etwas Bier und Zucker, bis die Suppe sehr süß schmeckt, und lasse sie unter beständigem Rühren bis zum Kochen kommen.

Seit Mitte des 19. Jahrhunderts produzierte die Nürnberger Spielzeugindustrie sogenannte Puppenherde: kleine, voll funktionsfähige Herde für Kinder, auf denen alle Rezepte nachgekocht werden konnten. Betrieben mit Spiritus oder Esbit waren es wertvolle, aber auch gefährliche Spielzeuge, die im 20. Jahrhundert zunehmend aus der Mode kamen.

Viele von Christine Riedls Rezepten hingegen sind immer noch aktuell. Gerade ihre »zuverlässigen Belehrungen über Einmachen des Obstes und der Gemüse« oder ihre »Speisezettel für alle Jahreszeiten« werden in Zeiten, in denen das heimische Kochen eine Renaissance erfährt und man sich vermehrt lokal und saisonal ernähren möchte, wieder relevant. Und wer in Christine Charlotte Riedls altehrwürdigem Kochbuch nachschlägt, wie man »Trüffeln mit Wein«, »Abgeschmälzte Nudeln mit Käs« oder »Geröstete Zwetschgen mit Chocolade« zubereitet, dem kann passieren, dass ihm bereits beim Lesen das Wasser im Mund zusammenläuft.

Literatur:

Christine Charlotte Riedl: Lindauer Kochbuch. Lindau, Stettner 1852 (15 Auflagen bis 1925, mehrere Nachdrucke 1948, 1979, 1980, 1995).

Christine Charlotte Riedl: Die kleine Köchin. Lindau, Stoffel & Wachter 1854.

Sehenswert

Bis heute empfängt das denkmalgeschützte Hotel und Wirtshaus »Goldenes Lamm« Gäste auf der Lindauer Insel.
Weitere Informationen: www.goldenes-lamm-lindau.de

Christine Charlotte Riedls erste »eigene, ausgedehnte Wirtschaft«: das »Goldene Lamm« in Lindau. (Ralf Staiger)

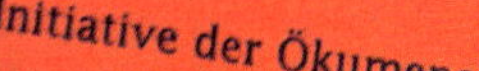

2002 nach ihr benannt: der Maria-Stromberger-Weg
(Ralf Staiger)

Maria Stromberger

Der »Engel von Auschwitz«

16. März 1898 – 18. Mai 1957

Zutiefst katholisch war die gebürtige Kärntnerin, humanistisch eingestellt, dazu äußerst vielseitig. In jungen Jahren arbeitete Maria Stromberger als Erzieherin, in der Landwirtschaft, als Chefköchin im Gasthof ihrer Schwester. Ihren kranken Vater pflegte sie bis zu dessen Tod. Dann, in den 20er-Jahren, zog sie nach Bregenz, um sich dort im Sanatorium Mehrerau zur Krankenschwester ausbilden zu lassen. Als der Zweite Weltkrieg begann, wurde Maria Stromberger in ein Kärntner Lazarett versetzt. Von den dortigen Soldaten hörte sie erste Gerüchte über die grauenvollen Zustände in Polen, die Judenverfolgung, die Konzentrationslager. In seinem Aufsatz »Engel von Auschwitz« beschreibt der österreichische Politiker Harald Walser, dass sich Maria Stromberger von den Nachrichten aus Polen zutiefst verstört fühlte.

Statt sich aber blind und taub zu stellen, beschloss sie, auf eigene Faust herauszufinden, ob die Gerüchte stimmten, und meldete sich freiwillig zur Arbeit in Polen. Laut Harald Walser versuchte ihre Schwester, sie davon abzubringen, doch die idealistische Maria ließ sich nicht beirren: Sie wollte die Wahrheit herausfinden und vielleicht »etwas Gutes« tun.

Ab dem 1. Juli 1942 arbeitete Maria Stromberger als Abteilungsschwester in einem Infektionsspital in Königshütte. Dort kümmerte sie sich auch um zwei ehemalige Auschwitz-Häftlinge, die an Typhus erkrankt waren. In ihren Fieberfantasien erzählten sie schreckliche Dinge aus dem Lager, litten unter Panikattacken. Als die beiden Männer sich nach fünf Wochen erholt hatten, fragte die Krankenschwester nach. Sie erklärten, alles, was sie im Fieber geäußert hätten, sei Realität im Lager, baten Maria allerdings inständig, mit niemandem darüber zu sprechen. Maria war fassungslos. Sie wollte das Lager in Auschwitz mit eigenen Augen sehen, sich selbst ein Bild davon machen. Also beschloss sie, sich dorthin versetzen zu lassen.

Im zuständigen Kreisamt in Kattowitz gab man sich erstaunt und gleichzeitig erfreut, dass Schwester Maria die »nationalsozialistische Volksidee« so sehr am Herzen liege. Am 1. Oktober 1942 trat Maria Stromberger ihren Dienst in Auschwitz an. Statt aber ins Häftlingslager zu kommen, arbeitete sie als Oberschwester in einer Abteilung für typhuskranke SS-Leute. Auf Häftlinge traf sie dennoch; einige mussten in der Krankenstation Hilfsdienste verrichten.

Zunächst war es schwer für Maria, an die Gefangenen heranzukommen, ihr Vertrauen zu gewinnen. Erst als ein Häftling vor den Augen der Krankenschwester brutal ermordet wurde und sie deshalb erschüttert zusammenbrach, wagten die Männer, mit ihr zu sprechen, und fassten Vertrauen zu ihr. Edward Pys, ein Überlebender, erzählt in Harald Walsers Aufsatz, wie »Schwester Maria« den Häftlingen illegal Nahrung und Medikamente verschaffte.

Maria Stromberger rettete Pys gleich mehrfach aus lebensgefährlichen Situationen: Einmal hatte er ohne ihr Wissen eine Kanne Milch ergattert, was von einem SS-Mann entdeckt wurde. Um das Schlimmste zu verhindern, trat Maria dazwischen und behauptete, sie habe Pys die Kanne gegeben. Es handle sich um Milchreste, die von typhuskranken Männern nicht ausgetrunken worden wären.

Im Sommer 1943 erkrankte Edward Pys selbst an Typhus, was für einen Häftling in Auschwitz das Todesurteil bedeuten konnte. Um seine Krankheit zu verbergen, führten ihn die Kollegen täglich zur Arbeit. Maria wiederum quartierte ihn während der Arbeitszeit im Badezimmer des SS-Reviers ein, erledigte seine Arbeiten mit und versuchte, ihn durch Injektionen wiederherzustellen. Mithilfe von Häftlingsärzten gelang es Maria Stromberger schließlich, ihn gesundzupflegen. Später beschrieb Edward Pys seine Retterin als »Mutter für mich und für uns alle«.

Denn Pys war beileibe nicht der einzige Häftling, dem Maria Stromberger half. Wo sie konnte, versorgte sie die Leute mit Essen, Medikamenten und – um die Moral der Gefangenen zu stärken – auch mit Nachrichten über die aktuelle Frontlage. Zudem diente sie den Häftlingen als Kurierin; sie schmuggelte Berichte und Unterlagen für die lagerinterne »Kampfgruppe Auschwitz« aus dem KZ, Waffen und Munition hinein. So wurde sie zu einer wichtigen Unterstützerin des Widerstandes. Trug wesentlich dazu bei, das Wissen über Auschwitz öffentlich zu machen.

Maria Strombergers mutige Einsätze blieben im Lager natürlich nicht unbeobachtet; mehrmals wurde sie bei ihrem Vorgesetzten, dem SS-Standortarzt Eduard Wirths, denunziert. Dieser fühlte sich allerdings selbst von der Grausamkeit seiner SS-Kollegen zunehmend abgestoßen und beließ es gegenüber der Oberschwester bei der Mahnung, künftig »vorsichtiger« zu sein.

Im Sommer 1944 begann die Massenvernichtung der ungarischen Juden, die zu Hunderttausenden in Auschwitz ermordet wurden. In diesem Zusammenhang sollten Maria Stromberger und ihre Kollegen eine Erklärung unterzeichnen, in der es unter anderem hieß: »Ich verpflichte mich dazu, bei dieser Aktion mit allen meinen Kräften mitzuwirken.«

Maria strich den Satz durch, dann erst unterzeichnete sie das Schreiben. Erneut hatte sie Glück: Ihr Vorgesetzter Wirths ließ sie gewähren, ohne sie zu verraten.

Durch ihr mutiges Handeln geriet die Krankenschwester – von den Häftlingen ehrfurchtsvoll als »Engel von Auschwitz« betitelt – immer wieder in Gefahr. Die ständige psychische Belastung hinterließ Spuren. Im Winter 1944/45 erkrankte Maria Stromberger schwer an Polyarteriitis. Um sie unauffällig aus dem Lager zu bringen, bescheinigte Dr. Wirths ihr eine nicht vorhandene Morphiumsucht und überwies sie nach Berlin, später in ein Prager Spital. Nach einem Genesungsurlaub gelangte sie über Umwege zurück nach Bregenz.

Im Frühjahr 1946 wurde Maria Stromberger von den französischen Besatzern verhaftet und in ein Internierungslager gesteckt. Man warf ihr vor, Gefangene in Auschwitz mit Spritzen getötet zu haben. Doch einige ehemalige Häftlinge, unter ihnen auch Edward Pys, konnten sich erfolgreich für den »Engel von Auschwitz« einsetzen. Sechs Monate später wurde Maria Stromberger aus der Haft entlassen. Im Frühjahr 1947 reiste sie nach Warschau, um dort gegen den ehemaligen Lagerkommandanten Rudolf Höss auszusagen.

Ihre Erlebnisse in der Auschwitzhölle hatten Maria Stromberger zutiefst erschüttert, an den Erinnerungen trug sie schwer. Ihrem Schützling und langjährigen Freund Edward Pys klagte sie in einem Brief, sich leer, ausgeschöpft und freudlos zu fühlen. Ihren »Reichtum an Liebe« habe sie wohl »in Auschwitz verstreut«.

Nach Auschwitz sah sie sich nicht mehr in der Lage, weiterhin als Krankenschwester zu arbeiten. Stattdessen kam sie als Hilfskraft in einem Bregenzer Textilbetrieb unter. Jahrelang lebte sie still und zurückgezogen, herzkrank und schwach, von ihren Erlebnissen gezeichnet. Am 18. Mai 1957 zog ihr ein Arzt gegen ihren Willen zehn Zähne auf einmal. Danach fuhr sie mit dem Fahrrad nach Hause. Mit letzter Kraft erreichte sie ihre Wohnung, um vor der Tür tot zusammenzubrechen – mit nicht einmal 60 Jahren.

Kaum jemand hatte von dieser ungewöhnlichen Frau in ihren letzten Jahren Notiz genommen. Ihr enormer Mut, ihre Humanität und ihr Widerstandsgeist waren vergessen.

Literatur:

HARALD WALSER: Der Engel von Auschwitz – Zum Wirken der Krankenschwester Maria Stromberger. In: Montfort – Vierteljahresschrift für Geschichte und Gegenwart Vorarlbergs. Jg. 40, 1988, Heft 1, S. 70–78.

SUSAN BENEDICT: Maria Stromberger: A Nurse In The Resistance In Auschwitz. In: Nursing History Review. 14, 2006, S. 189–202.

Sehenswert

In der Bregenzer Heldendankstraße 15 verbrachte Maria Stromberger ihre letzten Jahre. (Ralf Staiger)

Erst im Juni 2002 erinnerte man sich offiziell wieder an Maria Stromberger. Zwischen dem Bregenzer Landeskrankenhaus und der Schule für allgemeine Gesundheits- und Krankenpflege Unterland wurde im Rahmen der Gedenkroute »Widerstand und Verfolgung 1938–45 in Bregenz« ein Weg nach ihr benannt. Mehrere rote Schilder zeigen die Fotografie einer strahlend lächelnden jungen Frau, deren menschliches Handeln in unmenschlicher Zeit ganz und gar beispielhaft gewesen war.

Die alte Guta

Stadtretterin und Spionin wider Willen

15. Jahrhundert

Plastik der Ehreguta (Johann Piffrader, 1923) am neoklassizistischen Amtsgebäude in der Bahnhofstraße 3. (Ralf Staiger)

Die mittellose Frau, die sich selbst »alte Guta« nannte, könnte man als frühe Spionin bezeichnen. Man schrieb das Jahr 1408; es herrschten die Appenzellerkriege. In einer Taverne bei Rankweil wärmte sich Guta an einem eiskalten Winterabend hinter dem Ofen und belauschte dabei ungewollt eine Geheimbesprechung. Einige wichtige appenzellische Männer waren im Gasthaus zusammengekommen. Sie planten, am 14. Januar die Stadt Bregenz zu erstürmen und deren Bewohner zu zwingen, sich mit ihnen gegen den schwäbischen Adel zu verbünden.

Die Pläne standen fest, die Verschwörer schickten sich an, das Gasthaus zu verlassen. Da erst entdeckten sie die alte Frau. Guta gab vor, nichts von den Gesprächen gehört zu haben. Halb erfroren sei sie in der Dämmerung hereingekommen und hinter dem Ofen eingeschlafen. Die Appenzeller bezweifelten, dass Guta die Wahrheit sagte, und wollten sie auf der Stelle umbringen. Die alte Frau bat um ihr Leben und gelobte den Männern, keinem Menschen von ihrem Erlebnis zu erzählen.

Schlussendlich jagten die Appenzeller Guta aus dem Gasthof. Sie schlich in den Stall, nahm sich ein Pferd und ritt, so schnell sie konnte, nach Bregenz. In der Stadt erkundigte sie sich nach dem Stadtammann. Man schickte sie zum Rathaus. Dort betrat sie die Stube und stellte sich vor den Ofen. Die am Ratstisch versammelten Herren erkundigten sich befremdet, was die alte Frau hier wolle. Ohne den Blick vom Ofen zu nehmen, murmelte sie:

Ich heiße Guta und wurde hier in Bregenz geboren. In einem Gasthaus in Rankweil musste ich heute Nacht schwören, keinem Menschen zu sagen, was ich mit eigenen Augen und Ohren gesehen und gehört habe. Drum werde ich es dem Feuer hier im Ofen erzählen.

Auf diese Weise erfuhren die Bregenzer von den Plänen der Appenzeller, läuteten Sturm und wappneten sich für den Tag des Angriffs. Pünktlich zum 14. Januar standen 8.000 Leute zur Rettung der Stadt bereit; die ahnungslosen Appenzeller erlitten eine schwere Niederlage.

Guta hatte die Bregenzer gerettet, darum wollten sie ihr etwas Gutes tun. Ob sie einen Wunsch habe, fragten die Ratsherren.

Guta bat um lebenslange Versorgung und Obdach in Bregenz, was ihr gerne gewährt wurde. Von da an riefen die Nachtwächter von Martini bis Lichtmess zu jeder neunten Abendstunde: »Ehret die Guta!« Über die Jahrhunderte schmolz dieser Ruf im Volksmund zu »Ehreguota« oder »Ehrguta« zusammen.

Literatur:

Franz Josef Vonbun: Die Sagen Vorarlbergs mit Beiträgen aus Liechtenstein. Bregenz, Montfort 1950.

Sehenswert

Bis heute erinnern verschiedene Bregenzer Orte und Denkmäler an die listige alte Frau, von der sich die Stadt der Sage nach gerettet sah: An der Bahnhofstraße findet sich eine Plastik der Ehreguta; in der Oberstadt liegt der Ehregutaplatz. Die Gebeine der alten Guta ruhen angeblich unter der alten Seekapelle – so erzählen es sich zumindest die Bregenzer.
Weitere Informationen: www.bregenz.travel

Seekapelle in Bregenz: Hier soll Ehreguta begraben liegen. (Ralf Staiger)

Wie Brida von Landenberg ausgesehen hat, wissen wir nicht. Diese zeitgenössische Darstellung einer Frau stammt aus dem »Codex Manesse«, 14. Jh., vom Konstanzer Illustrator Ralf Staiger mit den Wappen von Landenberg (links) und von Rosenberg (rechts) kombiniert. (Ralf Staiger)

Brida von Landenberg

Zwischen Abttreuen und Appenzellern

15. Jahrhundert

Nur ein weißes Türmchen über dem Weinberg und einige wenige Mauern finden sich noch am Standort der einstmals stolzen Veste Rosenberg. Von hier aus, oberhalb des Schweizerischen Örtleins Berneck, reicht der Blick über das St. Galler Rheintal und weit über die Alpen. Anno 1405 erlebte die Edle Brida von Landenberg hier die Appenzellerkriege unmittelbar im eigenen Heim. Sie war die Burgherrin und Witwe des Ritters Rudolf von Rosenberg. Als Dienstmann des St. Galler Abtes hatte dieser gerade erst in einer Schlacht gegen die Appenzeller sein Leben verloren. Bridas Sohn Eglolf und die halbwüchsigen Töchter Brid und Ursel waren damit von einem Tag auf den anderen zu Halbwaisen geworden.

Doch es kam noch schlimmer. Die Appenzeller (so beschreibt es Geschichtsforscher Carl Wegelin in seinem Buch »Die Stadt St. Gallen in ihrem politischen Leben und Treiben zu Anfang des 15. Jahrhunderts«) schickten einen Brief: »der von Rosenberg und Eglin ir sun, das si uns die Burg ufftätint«. Eine entsetzliche Nachricht für Brida. Ausgerechnet diejenigen, die ihren Mann getötet hatten, wollten nun ihre Burg von St. Galler Söldnern besetzen lassen und bei Kämpfen als Rückzugsort nutzen!

Was für eine Zwickmühle! Und das nur, weil Brida bereits im Jahr 1399 das St. Galler Bürgerrecht angenommen hatte, wovon ihr Gemahl kaum begeistert gewesen sein konnte. Die Stadt St. Gallen stand im Krieg nämlich aufseiten der Appenzeller Gemeinden, die sich aus den Zwängen ihres Abtes lösen wollten. Als St. Galler Bürgerin sah sich Brida von Landenberg nun gezwungen, den Appenzellern zu helfen.

Zähneknirschend nahm Brida die Söldner bei sich auf. Versorgte sie mit Fleisch, Brot und Wein. Verbarg ihre Kinder in geheimen Kammern, um sie vor dem bis an die Zähne bewaffneten Mannsvolk zu schützen.

Eine geringe Bezahlung konnte sie für ihre Gastfreundschaft herausschlagen. Für das Verzehrte und alles Geschirr, das den Söldnern beim Speisen, Saufen und Spielen kaputtging, bekam Brida 35 Schilling Denar. So viel kostete ein Fass guten Landweins, vermutlich tranken die Kriegsgesellen weit mehr. Immerhin wurde Brida von Landenberg ihre Gäste ohne größeren Schaden wieder los.

Schaden nahm die Veste Rosenberg erst Jahrhunderte später. Von 1518 bis 1798 hausten die Obervögte der Fürstabtei St. Gallen auf der Burg und terrorisierten von dort aus die Bevölkerung. 1811 kauften schließlich Bürger aus Berneck die verhasste Rosenburg und rissen sie ab. Nur die Grundmauern blieben erhalten – und das Rebhäuschen, das heute noch den Standort der einstigen Veste markiert. Im 19. Jahrhundert wurde auf seinem Dach ein Glockentürmchen erbaut, das mit einem Uhrwerk ausgestattet ist. In regelmäßigen Abständen hört man den Glockenklang durch die Weinberge schallen.

Schon zu Brida von Landenbergs Zeiten war die Burg von Weingärten umgeben. Die südlich ausgerichteten Hänge sind steil und sonnig, selbst wenn unten am See Bodennebel herrscht. Warme Föhnwinde und karger Steinboden bieten den Reben beste Bedingungen – kein Wunder also, dass auch der heutige Besitzer der Rosenburg ein Weinbauer ist. Unter den verfallenen Mauern gedeihen die unterschiedlichsten Rot- und Weißweine, an denen Brida von Landenberg wohl ihre Freude gehabt hätte. Die gewiefte Burgherrin hatte vermutlich nicht nur ihre Kinder, sondern auch ihren besten Hauswein vor den Söldnern versteckt. Als die schwer bewaffneten Männer endlich abgezogen waren, gönnte sich Brida von Landenberg zweifellos einen guten Schluck von ihrem »allerbesten Gewächs«.

Literatur:

Carl Wegelin: Die Stadt St. Gallen in ihrem politischen Leben und Treiben zu Anfang des 15. Jahrhunderts. St. Gallen und Bern, Huber und Compagnie 1844.

Sehenswert

Die markant gelegene Burgruine Rosenberg in Berneck im Kanton St. Gallen ist ein herrliches Ausflugsziel. Ein Weinwanderweg mit informativen Tafeln zeigt Wissenswertes über Reben und die Arbeit im Rebberg.

Idyllische Lage in den Weinbergen: Ruine der Burg Rosenberg. (Ralf Staiger)

Gedenkstele der Wiborada bei der Kirche St. Mangen, ehemals Magnuskirche in St. Gallen. (Ralf Staiger)

Wiborada
Einsiedlerin und Retterin der Stiftsbibliothek

gestorben am 2. Mai 926

Ihr eigentlicher Name ist nicht bekannt, über ihre frühen Jahre weiß man kaum etwas. Vielleicht kam sie aus Konstanz, vielleicht von Altenklingen, vielleicht aus einem ganz anderen Ort. Der Legende nach stammte sie aus einer adligen »alamannischen« Familie und war ein äußerst frommes und tugendhaftes Kind. Überfluss und Luxus lehnte sie konsequent ab. Lernte früh, auf ihre innere Stimme zu hören, anderen Menschen Beistand zu leisten und erwarb sich damit den Ehrentitel »Wiborada«, was so viel heißt wie »weibliche Ratgeberin«.

Eng verbunden fühlte sie sich ihrem Bruder Hitto, einem St. Galler Priester. Mit ihm unternahm Wiborada eine Pilgerfahrt nach Rom. Auch unterstützte sie ihn beim Psalmensingen und begeisterte die Gemeinde mit ihrer schönen Stimme. Später ermutigte sie ihren Bruder, als Mönch ins Kloster St. Gallen einzutreten.

Fromm und selbstlos kümmerte sich Wiborada vor allem um Schwache und Kranke. Um die eigene Mutter, auch um Fremde, die ihr Bruder mit nach Hause brachte. Sie führte ein asketisches Leben: schlief auf dem Boden, fastete, betete, hielt Nachtwache und trug härene Gewänder.

Der Bischof von Konstanz wurde auf Wiborada aufmerksam und schlug ihr vor, ins Kloster Lindau einzutreten. Dies verweigerte sie: Der Stadtpatron von St. Gallen sei ihr in einer Vision erschienen und habe ihr abgeraten. Stattdessen lebte Wiborada vier Jahre lang beim Dorf St. Georgen (heute ein Quartier der Stadt St. Gallen) in strengster Askese. Auf diese Weise erprobte sie ihr angestrebtes Dasein als »Inklusin«, als »Eingeschlossene«. Auf Anordnung des Konstanzer Bischofs errichtete man Wiborada an der Seitenmauer der St. Galler Magnuskirche eine Zelle. Darin ein Tisch, ein kleiner Altar, eine Strohmatte und ein Zuber, in dem sie dreimal jährlich baden sollte. Keine Tür, nur drei kleine Fenster hatte die Zelle: eines durch die Kirchenwand, eines im Dach mit Blick zum Himmel, das dritte zum Platz hin. Von hier aus konnte sie mit Besuchern sprechen.

Im Jahr 916 wurde Wiborada vom Bischof höchstpersönlich unter den Gebeten des Volkes in der Zelle eingeschlossen. Zehn Jahre, bis zu ihrem Tod, blieb sie dort.

Zahllose Menschen suchten bei Wiborada Rat und Hilfe. In ihren Visionen, hieß es, könne Wiborada die Zukunft voraussehen.

So prophezeite sie auch den Einfall der Ungarn im Jahr 926. Gerade noch rechtzeitig konnte sie die St. Galler Mönche dazu bewegen, alle kostbaren Bücher und Manuskripte ins benachbarte Kloster Reichenau zu bringen. Sie selbst blieb in ihrer Zelle; ihr Gelübde als Einsiedlerin wollte sie auch unter Lebensgefahr nicht brechen.

Ihre Voraussage erfüllte sich: Am 2. Mai 926 stürmten die Ungarn herbei und plünderten das Kloster. Dann versuchten sie, Feuer an Wiboradas Zelle zu legen – vergeblich. Schließlich stiegen sie durchs Dach und erschlugen die standhafte Einsiedlerin mit dem Beil. Ihr Bruder Hitto fand sie am folgenden Tag. Ihre sterblichen Überreste begrub man feierlich in der Magnuskirche.

Im Jahr 1047 wurde die Märtyrerin als erste Frau in der Kirchengeschichte von einem Papst (Clemenz II.) heiliggesprochen.

Heute kennt man Wiborada als erste Bücherfreundin Europas. Als Patronin der Pfarrhaushälterinnen, Köchinnen – und der Bibliotheken! Mit ihrer Weitsicht rettete sie einen Bücherschatz, der seit 1983 zum Weltkulturerbe zählt. Darunter befindet sich unter anderem das älteste deutschsprachige Buch von 720, außerdem das älteste Liederbuch der Welt aus dem Jahr 920.

An jedem 2. Mai begeht das Bistum St. Gallen noch heute den Todestag Wiboradas. Zu diesem Anlass wird der gesegnete »Wiboradawein« an die Gläubigen gespendet.

Um 965 verfasste man erstmals ihre Lebensgeschichte, eine zweite Vita entstand um 1075. Bildlich dargestellt wird die heilige Wiborada meist mit einer Hellebarde und – als Retterin der Stiftsbibliothek – mit einem Buch in der Hand.

Literatur:

DAGMAR SCHIFFERLI: Wiborada. St. Gallen, Verlag am Klosterhof 2012.

JOACHIM SCHÄFER: Wiborada von St. Gallen. Aus dem Ökumenischen Heiligenlexikon: www.heiligenlexikon.de

EVA IRBLICH: Die Vitae Sanctae Wiboradae. Ein Heiligen-Leben des 10. Jahrhunderts als Zeitbild. In: Schriften des Vereins für Geschichte des Bodensees, Bd. 88 (1970) S. 1–208.

Sehenswert

Im barocken Saal der Stiftsbibliothek St. Gallen können die von Wiborada geretteten Bücher und Handschriften noch heute besichtigt werden. Die im Jahr 719 gegründete Einrichtung gehört zu den bedeutendsten historischen Bibliotheken der Welt. 1983 wurde sie zusammen mit dem Stiftsbezirk St. Gallen ins UNESCO-Weltkulturerbe aufgenommen.

Weitere Informationen: www.stiftsbezirk.ch/de

Hier verbrachte Wiborada ihre letzten zehn Jahre in der Zelle: an der Kirche St. Mangen. (Ralf Staiger)

Selbstportrait Martha Cunz, 1899, im Alter von 23 Jahren. Kohle und Rötel auf Papier. (Historisches und Völkerkundemuseum St. Gallen)

Martha Cunz

Holzschneiderin und Jugendstilkünstlerin

24. Februar 1876 – 15. Mai 1961

Schon in frühen Jahren wollte sie Künstlerin werden, obwohl es in ihrem Elternhaus eher pragmatisch zuging. Martha Cunz wuchs als drittes Kind der Textilagenten Carl Andreas und Marie Wilhelmine Cunz-Zollikofer in gutbürgerlichen Verhältnissen heran. Sie besuchte die St. Galler Zeichenschule für Industrie und Gewerbe und ein Mädchenpensionat in Bôle (Kanton Neuenburg). Mit 17 Jahren lebte Martha wieder in St. Gallen und ging regelmäßig ins Kunstmuseum, um Alte Meister zu kopieren. Dort lernte sie den Maler Emil Rittmeyer kennen, der ihr Talent wahrnahm, ihr wichtige Kontakte vermittelte und sie zeitlebens förderte. 1896 verbrachte Martha ein Studiensemester beim Secessions-Gründer Adolf Hölzel in Dachau. Sein besonderer Stil, seine Arbeit mit reduzierten Farben und betonten Flächen beeinflussten Martha nachhaltig. Augenzwinkernd bekannte sie in einem Brief an ihre Familie aus dem Jahr 1898, dank der »Hölzelschule« hätten ihre Bilder »auch bei mangelnder Ausführung« eine »geschlossene Wirkung« und wirkten oft fertiger als sie in Wirklichkeit seien.

Im Herbst 1896 schrieb sich Martha Cunz an der Künstlerinnenschule in München ein. 1901 entdeckte sie bei dem Grafiker Ernst Neumann die Holzschnittkunst für sich. Rasch fand Martha zu einem eigenen Stil und konnte sich schnell unter den Münchener Holzschneidern etablieren. 1903 begründete sie mit dem Schweizer Maler Albert Welti den grafischen Verein »Die Walze«.

Besonders die japanische Druckgrafik faszinierte und beeinflusste Martha Cunz. Der japanisierende Vielfarbenholzschnitt wurde ihr Markenzeichen. Ihre klaren, zart und harmonisch komponierten Landschaften, Städte, Tiere und Menschen machten sie international bekannt.

In ihrer Münchener Zeit pflegte Martha Cunz einen regen Briefwechsel mit ihrer Familie – in ihrem Nachlass befinden sich zirka 1.000 mehrseitige

Briefe. Diese dokumentieren die innigen Beziehungen der Familienmitglieder. Auch veranschaulichen sie Marthas eigenständigen und emanzipierten Charakter.

Die Zeiten für kunstschaffende Frauen waren zu Anfang des 20. Jahrhunderts alles andere als einfach. In der männerdominierten Szene hatten Frauen gegen unzählige Vorurteile zu kämpfen. »Dilettantismus« sei eine naturgegebene weibliche Disposition, hielt man Künstlerinnen immer wieder vor und versuchte auf diese Weise, sie vom Schöpferischen abzuhalten. Martha Cunz ließ sich von derlei Plattitüden nicht beeindrucken.

Als Zeichen ihrer Emanzipation trug sie häufig Männerkleidung, präsentierte sich gerne mit Filzhut, Stehkragen, Krawatte und Sakko. Für die Arbeit bevorzugte sie Gamaschen und schwarze Pumphosen. Fotografien und Selbstbildnisse zeigen sie als strenge, ernste Frau mit straffer Frisur.

Trotz aller Vorurteile gegenüber Frauen gelang es Martha Cunz, mit ihrer Holzschnittkunst auch männliche große Namen zu beeinflussen, nicht zuletzt den russischen Grafiker Wassily Kandinsky. Mit ihm und anderen Künstlern publizierte Martha 1905 einige Arbeiten in der Zeitschrift »Deutsche Kunst und Dekoration«. Von ihrem wohl bekanntesten Blatt, dem 1904 entstandenen »Blick auf den Säntis«, ließ sich Kandinsky nachweislich inspirieren.

Von München aus unternahm die Künstlerin Reisen nach Holland und Italien, gelegentlich zog es sie zum Malen auch in die Schweizer Gebirgswelt. Martha Cunz scheute keine Anstrengung, passende Motive zu finden. Unternahm weite Fußmärsche, skizzierte und malte selbst bei unwirtlichstem Wetter im Freien.

Kurz bevor der Erste Weltkrieg ausbrach, kehrte Martha Cunz in die Schweiz zurück. Nach dem Krieg richtete sie sich nahe ihrem St. Galler Elternhaus ein Atelier ein, wo sie bis zu ihrem Tod mit ihrer Schwester zusammenlebte.

Bis 1927 fertigte Martha Cunz insgesamt 71 Holzschnitte an. Danach wandte sie sich wieder der Malerei zu, hauptsächlich Landschaften und Porträts. Diese gewährten ihr großen finanziellen Erfolg, blieben jedoch in künstlerischer Hinsicht weit hinter ihren Farbholzschnitten zurück.

Während die Holzschnitte abstrahiert, prägnant und sehr eigenständig daherkamen, wirkten Marthas Gemälde eher konventionell. Ein Künstlerfreund, Ernst Würtenberger, wollte sie dazu bewegen, den Stil ihrer Holzschnitte auf die Malerei zu übertragen, nur so fände sie Anschluss an zeitgenössische Tendenzen. Der St. Galler Cunz-Experte Daniel Studer zitiert Marthas unwirsche Antwort:

Losed Sie, Würtenberger, wenn i mole, denn mol i, und wenn i en Holzschnitt mache, dann mach i en Holzschnitt.

Modernen Kunstrichtungen wie dem Expressionismus stand Martha Cunz zeitlebens skeptisch gegenüber. Während Kollegen wie Wassily Kandinsky oder Gabriele Münter nach immer neuen, immer abstrakteren Ausdrucksformen suchten, schnitt Martha Cunz beharrlich idyllische Landschaften, Tierdarstellungen oder Jahrmarktszenen in ihre Druckstöcke. Dem expressionistischen Holzschnitt konnte sie nichts abgewinnen; seine harten Formen und Farben empfand sie als – so zitiert sie Daniel Studer – »verlogen und brutal«.

Auf diese Weise blieb Martha Cunz ihrer eigenen Auffassung von Holzschnittkunst treu, die sie bis zur Meisterschaft perfektioniert hatte. Auch im internationalen Vergleich gelten die japanisierenden Farbholzschnitte der CM – ihr Monogramm – noch heute als einzigartig.

Literatur:

DANIEL STUDER: Martha Cunz – eine St. Galler Künstlerin im Spannungsfeld von Grafik und Malerei. In: Daniel Studer (Hrsg.): Berufswunsch Malerin! Elf Wegbereiterinnen der Schweizer Kunst aus 100 Jahren. St. Gallen, Verlag Format Ost 2020.

DANIEL STUDER: Martha Cunz 1876–1961. Eine Schweizer Jugendstilkünstlerin in München. Das graphische Werk. St. Gallen, Verlagsgemeinschaft St. Gallen 1993.

Sehenswert

Im Historischen und Völkerkundemuseum St. Gallen finden sich neben Martha Cunz' Selbstporträt zahlreiche andere Werke der Künstlerin, u. a. die Kandinsky-Inspiration »Blick auf den Säntis«. Bildergalerie und weitere Informationen: www.online-collection.ch

St. Gallen, Heimat und Inspiration für Martha Cunz (Ralf Staiger)

Regina Ullmann

Scheue und leidenschaftliche Dichterin

14. Dezember 1884 – 6. Januar 1961

Das Mädchen »Rega« war eine Spätentwicklerin, lernte nur mühsam lesen und schreiben. Sie schielte, galt als hochgradig empfindsam, verschlossen und vergesslich. Dabei reimte sie bereits mit fünf Jahren ihre ersten Zeilen. An der Volksschule wurde Regina wegen ihrer Lernschwierigkeiten nicht aufgenommen, so schickte ihre Familie sie an eine St. Galler Privatschule. Sie begann mit dem Schreiben kleiner Geschichten. In ihrem Band »Erzählungen, Prosastücke, Gedichte« blickt Regina Ullmann auf ihre frühe Zeit zurück. Erzählt, wie sie sich als Kind vor allem als Zuschauerin empfand und sich angewöhnte, die Welt eher mit den Augen als mit den Ohren wahrzunehmen.

Ein großes Problem: Das Mädchen stotterte, brachte vor fremden Menschen kaum ein Wort heraus. Erst der Rat einer mitfühlenden Lehrerin verschaffte Erleichterung. Regina Ullmann gewöhnte sich an, »nicht schneller sein zu wollen«, als sie »in Wirklichkeit war«. Diese »Lebensregel« sollte auch Regina Ullmanns Dichtung nachhaltig beeinflussen.

Regas Vater Richard, ein jüdischer Stickereifabrikant, stammte aus Vorarlberg. Er starb nach einem Jagdunfall, als sie noch ein Kleinkind war. Mutter Hedwig, eine Deutsche aus Ulm, glaubte an das literarische Talent ihrer Tochter, wollte es unbedingt fördern. 1902 zog sie mit Rega nach München. Eben erst hatte die 17-Jährige, sogar mit guten Noten, die Mittlere Reife erlangt. Nun, so der mütterliche Plan, sollte Rega Zugang zu literarischen Kreisen erhalten.

Um die Jahrhundertwende brodelte der Stadtteil Schwabing vor Künstlertum. Mit ihrer Mutter besuchte Rega Vorträge über Literatur und Kunstgeschichte, arbeitete zeitweise an der Bayerischen Staatsbibliothek und verkehrte in Literaturcafés. Die Bohème war irritiert: Sonderbar gekleidet, schielend, stotternd, scheu kam Rega daher wie eine Bäuerin. Doch sobald ein bestimmtes Thema sie berührte – so schildert es ihre spätere Biografin Ellen Delp –, konnte sie urplötzlich auftauen, flüssig und leidenschaftlich

Regina Ullmann (Kantonsbibliothek Vadiana, St. Gallen)

erzählen. Ihre schriftstellerische Begabung blieb nicht unbemerkt, literarische Freigeister aller Couleur wurden auf Regina aufmerksam. In ihrem Vorwort zum Erzählband »Der ehrliche Dieb und andere Geschichten« beschreibt Regina Ullmann die sie umgebenden Künstler als »im besten Sinne Pädagogen«, die ihr Wissen, ihre Erfahrungen auf »selbstlose Weise« vermittelten.

Im Jahr 1905 verliebte sich Regina in den Münchener Ökonomen Hanns Dorn. Bald war ein Kind unterwegs; vom werdenden Vater erfuhr Regina jedoch keinerlei Hilfe oder Unterstützung. Ihre Mutter zwang sie, die Schwangerschaft zu verheimlichen, zog mit ihr in die Steiermark. Im Januar 1906 brachte Rega ihre Tochter Gerda zur Welt, musste das Kind jedoch bei einer Bauersfrau in Pflege geben. Kurz darauf kehrte sie nach München zurück. Schrieb ihr erstes Drama »Feldpredigt«, in dem sie die vergangenen, verstörenden Monate aufarbeitete. 1908 schickte sie das Manuskript an Rainer Maria Rilke. Der Dichter zeigte sich äußerst angetan, er gratulierte ihr am 3. September desselben Jahres zu ihrem Buch, das er als »schön«, »wahr« und »einfach« bewunderte.

Ein Lob, das die an Seelennöten und Selbstzweifeln leidende Regina Ullmann gewiss aufrichtete. Zwischen Rilke und ihr kam es zu einem umfangreichen Briefwechsel und einer lebenslangen Freundschaft.

Zur selben Zeit lernte Regina Ullmann den skandalumwitterten »Seelenarzt« Otto Gross kennen. Er war verheiratet, schwer drogenabhängig und propagierte im Kreis der Münchner Bohème die freie Liebe. Zunächst gab Gross vor, Rega lediglich »therapieren« zu wollen, doch die Beziehung zwischen den beiden wurde schnell leidenschaftlich. Wie Regina später in ihrer autobiografischen Erzählung »Konsultation« schilderte, sah sie in Gross nicht nur den charismatischen Analytiker, sondern, voller Mitleid, einen bedrängten Seelenverwandten.

Von Gross wurde Regina ein zweites Mal schwanger. Auch er verweigerte jede Hilfe und Verantwortung. 1908 wurde Tochter Camilla geboren und kam ebenfalls zu Pflegeeltern. Die Katastrophe hatte sich wiederholt.

Neuen Halt fand Regina Ullmann bei dem fränkischen Schriftsteller Ludwig Derleth. Der überzeugte Katholik strebte nach hierarchischer Erneuerung der Kirche. Seine Strenggläubigkeit, sein Charisma, sein priesterliches Auftreten und seine Heilsbotschaft faszinierten Regina Ullmann. 1911 konvertierte sie vom jüdischen zum katholischen Glauben, der fortan ihr dichterisches Werk bestimmen sollte. Es entstanden Erzählungen wie »Die Barockkirche« oder »Der Engelskranz«.

Regina Ullmanns schriftstellerischer Weg war lang und steinig. Sie hatte keinen Beruf gelernt, blieb unverheiratet, lebte größtenteils mit ihrer Mutter zusammen.

Ab 1915 bewohnten Mutter und Tochter einen Turm auf der Burg zu Burghausen, verbrachten dort zwei karge Kriegsjahre. Regina begann eine Gärtnerlehre und versuchte sich als Imkerin. In diesem Zeitraum verstärkten sich ihre Depressionen, von denen auch ihr Schreiben beeinträchtigt wurde.

Erst ihr 1921 veröffentlichter Erzählband »Die Landstraße« machte sie allmählich bekannt. Ihr langjähriger Freund und Mentor Rainer Maria Rilke hatte für die Publikation ihrer Texte gesorgt. Mittlerweile ging sein Einsatz über kollegiale Anerkennung weit hinaus. Bei Verlegern und Mäzenen suchte er finanzielle Hilfe für die weltfremde Dichterin. Über ihn lernte Regina zudem die Schauspielerin und Schriftstellerin Ellen Delp kennen, die ihr zur ersten Biografin und lebenslangen Freundin wurde.

Bevor Rainer Maria Rilke 1926 starb, legte er Freunden und Mäzenen das Fortkommen seiner hochgeschätzten Schriftstellerkollegin besonders ans Herz. Mit Auswirkungen: 1927 durfte Regina Ullmann als erster Gast nach Rilke einige Monate im Wohnturm von Muzot (Schweizer Kanton Wallis) verbringen; bald galt sie auch als Expertin für Rilkes Werk.

Nach der Machtübernahme der Nazis wurde Regina Ullmann aufgrund ihrer jüdischen Herkunft aus dem Reichsschriftstellerverband ausgeschlossen. 1936 musste sie mit ihrer pflegebedürftigen Mutter Deutschland verlassen; sie zogen nach Österreich. 1938 starb Mutter Hedwig, und Regina kehrte in ihre Geburtsstadt St. Gallen zurück. Dort lebte sie 20 Jahre in der katholisch geführten Pension Marienheim.

Erst nach dem Krieg erfuhr Regina Ullmann ganz offiziell Anerkennung als Schriftstellerin: 1949 wurde sie in die Bayerische Akademie der Schönen Künste aufgenommen, einige Jahre später auch in die Deutsche Akademie für Sprache und Dichtung. 1954 verlieh ihr die Stadt St. Gallen zum 70. Geburtstag den neu gestifteten Kulturpreis der Stadt; ihr Bühnenstück »Feldpredigt« wurde bei diesem Anlass uraufgeführt.

Zu ihren Töchtern Gerda und Camilla, die zusammen bei Pflegeeltern nahe München aufgewachsen waren, konnte sie den Kontakt zeitlebens aufrechterhalten. Ihre letzten beiden Jahre verbrachte Regina Ullmann schwer krebskrank im bayerischen Eglharting, liebevoll umsorgt von Camilla. Nach einem Oberschenkelhalsbruch kam sie ins Ebersberger Krankenhaus, wo sie am Dreikönigstag 1961 verstarb.

Literatenkollegen haben Regina Ullmann bis heute nicht vergessen: Mit dem biografischen Roman »Stein bedeutet Liebe« setzte Eveline Hasler der Schriftstellerin ein literarisches Denkmal. Im Jahr 2007 gab Peter Hamm den Erzählband »Die Landstraße« neu heraus. In seinem Nachwort äußert er den inbrünstigen Wunsch, Regina Ullmanns Dichtung möge »den Nachgeborenen« niemals »verlorengehen«.

Literatur:

REGINA ULLMANN: Regina Ullmann über sich selbst. In: Erzählungen, Prosastücke, Gedichte. Zusammengestellt von Regina Ullmann und Ellen Delp. Neu herausgegeben von Friedhelm Kemp. München, Kösel 1978.

REGINA ULLMANN: Die Landstraße. Erzählungen. Mit einem Nachwort von Peter Hamm. Zürich, Nagel & Kimche 2007.

REGINA ULLMANN: Ich bin den Umweg statt den Weg gegangen. Ein Lesebuch. Zusammengestellt und mit einem Nachwort hrsg. von Charles Linsmayer. Frauenfeld, Huber 2000.

ELLEN DELP: Regina Ullmann. Eine Biographie der Dichterin. Einsiedeln, Benziger 1960.

EVELINE HASLER: Stein bedeutet Liebe. Regina Ullmann und Otto Gross. Roman. Zürich, Nagel & Kimche 2007.

Sehenswert

Regina Ullmanns St. Galler Wohnsitz Marienheim, heute »Alters- und Pflegezentrum am Schäflisberg«, bietet einen schönen Blick über die Altstadt von St. Gallen.

In der ehemaligen Pension Marienheim oberhalb des Klosters St. Gallen verbrachte die Dichterin mehr als 20 Jahre ihres Lebens. (Ralf Staiger)

Elisabeth Gerter

Kampflustige und engagierte Schriftstellerin

15. Juni 1895 – 28. August 1955

Elisabeth Gerter (Unionsverlag Zürich)

Im Schweizerischen Städtchen Gossau wuchs sie auf, als Elisabeth Hartmann in kleinbürgerlichen Verhältnissen unter neun Geschwistern. Nachdem Elisabeth 1913 die Schule beendet hatte, machte sie sich auf in die Fremde: zunächst als Haushaltshilfe und Kindermädchen nach Mailand. Dann ließ sie sich beim Roten Kreuz in Zürich zur Krankenschwester ausbilden, arbeitete als Pflegerin an unterschiedlichen Orten in der Schweiz und im Ausland. Im Jahr 1921 heiratete Elisabeth. Mit ihrem Ehemann, dem Uhrmacher Karl August Müller, lebte sie in Basel, Brüssel und Biel. Auch sie selbst war eine Zeit lang in der Uhrenindustrie tätig.

Dann aber ging ihre Ehe in die Brüche. 1932 heiratete Elisabeth ein zweites Mal. Der Neue hieß Karl Aegerter, war ein Basler Maler und kommunistischer Funktionär. Er ermutigte Elisabeth, in die Kommunistische Partei einzutreten und sich bei den Gewerkschaften zu engagieren. In späteren Jahren wechselten beide zu den Sozialdemokraten.

Karl Aegerter sah sich als Förderer seiner Ehefrau; er hielt viel von ihrem literarischen Talent. Gelegentlich hatte Elisabeth bereits als Journalistin und Übersetzerin gearbeitet, in verschiedenen Zeitschriften veröffentlichte sie außerdem Erzählungen. Nun aber redete Aegerter ihr zu, einen Roman zu schreiben. Ihr erstes Buch, »Schwester Lisa«, das 1934 in Zürich unter dem Pseudonym »Elisabeth Gerter« erschien, trägt autobiografische Züge. Kritisch beleuchtet die Autorin den Leidensweg einer idealistischen, sich selbst aufopfernden Krankenschwester und Pflegerin. Die nicht nur von Arbeitgebern, sondern auch von ihrem Ehemann schamlos ausgebeutet wird.

Die mutige, feministische Schreibweise der Elisabeth Aegerter-Hartmann – so ihr amtlicher Name – wirkte zur damaligen Zeit noch ungewöhnlich und lag längst nicht jedem. Gerters Themen: Krieg, Arbeitslosigkeit, soziale Not, Emanzipation der Frau. Auch um das große Tabu-Thema »Abtreibung« drückte sie sich nicht.

Bereits für ihr zweites Werk, den Roman »Die Sticker«, fand Elisabeth Gerter keinen Verleger mehr. Mit ihrem Mann gründete sie daraufhin den »Rengger-Verlag Aarau«, in dem all ihre folgenden Werke erschienen. Sie verfasste Romane, Erzählungen und Hörspiele.

Obwohl im kleinen Selbstverlag herausgebracht, geriet der 1938 veröffentlichte Roman »Die Sticker« beim Publikum unerwartet zum Erfolg. Gerter schildert den Aufstieg und Niedergang der Stickereiindustrie und die

Sorgen und Nöte von Fabrik- und Heimarbeitern auf äußerst realistische Art und Weise. Man verglich ihr Buch sogar mit Werken von Balzac und Zola. Die namhaften Literaturkritiker schäumten indes, taten Elisabeth Gerter als »Volksschriftstellerin« ab. Längst ist diese Meinung revidiert; heute gilt »Die Sticker« als erster Industrieroman der Schweiz, als großer zeitkritischer Gesellschaftsroman.

Von der Kritik ihrer Zeit blieb Elisabeth Gerter weiterhin geschmäht: Sie sei keine richtige Künstlerin, dafür wirkten ihre Erzählungen viel zu »konventionell«. Stattdessen galt sie als »Tendenz-Autorin«. Der Schweizer Germanist Charles Linsmayer zitiert aus einem 1939 verfassten Brief Gerters an eine Kritikerin:

Ich nenne mich sehr wohl Künstlerin, denn unsäglich viel hab ich gerungen, den immensen Stoff, der mir am Herzen lag, in eine lebendige Form zu bringen. Ich glaube sogar, das Prädikat Künstlerin eher beanspruchen zu können als jene, die nur abgedroschene Themen von Grossvaters Zeiten her »behandeln«.

Trotzig und kampflustig versuchte Elisabeth Gerter, ihre Botschaften zu verkünden. Nach dem Zweiten Weltkrieg betätigte sie sich verstärkt als Journalistin, um die Menschen zu erreichen. Sie wollte sich keinesfalls den Mund verbieten lassen.

In den frühen 50er-Jahren erkrankte Elisabeth Gerter an einem Hirntumor und geriet in finanzielle Schwierigkeiten. Eine Autorenkollegin setzte sich beim Schweizerischen Schriftstellerverein für sie ein. Die Repräsentanten des Verbands mauerten zunächst. Man könne sich nicht leisten, »solche Kandidaten« zu unterstützen. Wieder einmal wurde die künstlerische Leistung der Autodidaktin infrage gestellt, sie hatte ja nicht studiert. Konservativen Gemütern war sie zu links, zu politisch, zu entlarvend, zu unbequem in ihren Schilderungen.

Trotz aller Widerstände erhielt Elisabeth Gerter letztendlich eine monatliche Bundesunterstützung von 500 Franken, die sie dringend benötigte. Ihr Lebensende ließ nicht mehr lange auf sich warten. Am 28. August 1955 verstarb die zeitlebens verkannte Schriftstellerin nach längerem Leiden im Diakonissenhaus in Riehen (Kanton Basel-Stadt). Das den Frauen verwehrte

Wahlrecht, für das sie sich eingesetzt hatte, wurde ihr selbst nicht mehr zuteil; erst ab dem Jahr 1971 durften Frauen in der Schweiz wählen.

Nach ihrem Tod geriet die unbequeme Autorin weitgehend in Vergessenheit. Erst in den späten 70er-Jahren, als ihre Werke neu aufgelegt wurden, erhielt die Schweizerin breitere Anerkennung, und die Literaturkritik entdeckte sie neu. Heute gilt Elisabeth Gerter als bedeutende sozialkritische und feministische Schriftstellerin der ersten Hälfte des 20. Jahrhunderts.

Literatur:

CHARLES LINSMAYER: Elisabeth Gerter 1895–1955. www.linsmayer.ch/autoren/G/GerterElisabeth.html

ELISABETH GERTER: Schwester Lisa. Irrweg einer Frau. Zürich, Büchergilde Gutenberg 1934, neu aufgelegt in Zürich, Unionsverlag 2004.

ELISABETH GERTER: Die Sticker. Roman. Aarau, Rengger 1938, neu aufgelegt in Zürich, Unionsverlag 2003.

Sehenswert

Die ehemalige Textil- und Stickereifabrik in Gossau dient heute als Restaurant und Veranstaltungsort und trägt den Namen »Werk 1«. Interessantes zur Stickereiindustrie der Ostschweiz findet sich im St. Galler Textilmuseum. Weitere Informationen: www.textilmuseum.ch

Die einstige Textil- und Stickereifabrik in Gossau, die Elisabeth Gerter für ihren Roman »Die Sticker« als Vorlage diente. (Ralf Staiger)

Martina Hälg-Stamm

Frühe Thurgauer Politikerin

27. Dezember 1914 – 6. Dezember 2011

Martina Hälg anno 1937 auf einer Bergtour (Privatarchiv Regula Morf)

Als Tochter des Kantonsforstmeisters wuchs Martina Stamm in Appenzell auf. Mit 16 Jahren kam sie nach St. Gallen aufs Gymnasium – zu einer Zeit, als weiterführende Schulen noch überwiegend von Jungen besucht wurden. 1934 bestand Martina ihre Wirtschaftsmatura. Danach ging sie nach London und Rom, um Sprachen zu lernen. Studieren durfte sie zu ihrem Leidwesen nicht; da musste sie, wie damals üblich, ihrem Bruder den Vortritt lassen. Stattdessen wurde sie Prokuristin in einer Fabrik.

1938 landete ihr jugendliches Konterfei auf einer 30-Rappen-Briefmarke; sie zeigt dunkle Zöpfe, Tracht, dahinter malerische Berglandschaft, Inbegriff konservativen Schweizertums. Als die Marke herauskam, hatte Martina Stamm mit einem derart traditionell anmutenden Mädchenideal nur noch wenig gemein.

Zu Beginn des Zweiten Weltkriegs meldete sich Martina zum Einsatz beim militärischen Frauenhilfsdienst. Wollte dort als Fahrerin arbeiten, machte extra den Führerschein. Doch sie wurde zum Innendienst abkommandiert und arbeitete von 1940 bis 1942 in der Generaladjutantur der Schweizer Armee in Bern. Anschließend betreute sie das Sekretariat einer Kesswiler Produktionsfirma.

Bei einem Mittagessen im Romanshorner Hotel Schloss, damals ein »alkoholfreies Volksheim«, lernte Martina ihren künftigen Ehemann kennen. Otto Hälg war ansässiger Sozialdemokrat und etabliertes Mitglied des Thurgauer Großen Rates.

Im Jahr 1946 heirateten die beiden, bekamen zwei Söhne und eine Tochter. Auch in ihrem neuen Leben blieb Martina Hälg-Stamm berufstätig. Ihr Ehemann gewährte ihr Beistand – und eine Waschmaschine: eine der ersten, die auf den Markt kamen und einen kompletten Monatslohn kosteten.

Bei der Lektüre der ausgedehnten Parlamentsprotokolle, die Otto mit nach Hause brachte, bemerkte Martina erstmals, wie schwerfällig die rein männlich dominierte Schweizer Demokratie doch war. Sie beschloss, sich für das Wahl- und Stimmrecht der Frauen einzusetzen – zunächst noch ohne Erfolg. Bei einem Entscheid 1959 lehnten die Thurgauer Männer das Frauenwahlrecht mit über 80 Prozent der Stimmen ab.

1963 folgte Martina ihrem Mann in die Sozialdemokratische Partei. Sie schrieb Artikel für die Thurgauer Zeitung, die Thurgauer Arbeiter-Zeitung und das St. Galler Tagblatt, außerdem Kolumnen für die Satirezeitschrift »Nebelspalter«. Wortwitzig schilderte sie ihre Ideen, die dem einen oder anderen konservativen Zeitgenossen durchaus Furcht eingejagt haben mochten.

Von 1963 bis 1983 leitete Martina das Bezirkssekretariat der Schweizer Jugendstiftung Pro Juventute. Zudem wurde sie Mitglied der Thurgauer Kunstkommission und im örtlichen Sekundarschulvorstand – beide Male als erste Frau.

1971 stimmten die Schweizer Männer der Einführung des Frauenwahlrechts auf Bundesebene endlich zu. Bei den Nationalratswahlen im Herbst desselben Jahres kandidierten im Thurgau fünf Frauen für ein Mandat, unter ihnen Martina Hälg. Keine der fünf wurde gewählt. Zuvor hatte ein Journalist Martina nach ihrem liebsten Kochrezept gefragt, worauf sie lapidar erwiderte, sie bewerbe sich nicht als Köchin. Ihren Geschlechtsgenossinnen riet sie, Geduld mit den Thurgauer Männern zu haben; sie könnten eben nicht schneller gehen, »als die Musik spielt«. Und die spielte damals noch sehr langsam.

Im Dezember 1971 wurde auch im Thurgau das kantonale Frauenstimmrecht eingeführt – widerwillig, bei historisch tiefer Wahlbeteiligung. Martina Hälg-Stamm witterte eine neue Chance und bewarb sich 1972 um einen Sitz im Thurgauer Kantonalparlament – diesmal mit Erfolg. Als erste und einzige weibliche Kantonsrätin stand sie fast drei Jahre 129 Ratsherren gegenüber.

Beharrlich kämpfte die Sozialdemokratin auch weiterhin für eine rechtliche Gleichstellung der Frauen. Sie setzte durch, dass alle kantonalen Angestellten den gleichen Lohn für die gleiche Arbeit erhielten. Zuvor waren Frauen automatisch drei bis fünf Lohnklassen tiefer eingestuft worden als ihre Kollegen. Auch für eine Beratungsstelle für Familienplanung warb die umtriebige Schweizerin.

Ihr größter politischer Erfolg: Mädchen erhielten den gleichen Pflichtunterricht wie die Jungen. Dafür stellte sich Martina sogar gegen die Frauenvereine. Die hatten zuvor vermehrten Näh-, Koch- und Hauswirtschaftsunterricht für Mädchen gefordert – in den Augen der Politikerin der völlig falsche Kurs.

Auch Umweltschutz war Martina wichtig. Sie engagierte sich bei der »Rhein-Bodensee-Initiative«, die sich gegen eine Schiffbarmachung des Hochrheins einsetzte, um Natur und Umwelt im Bodenseeraum zu erhalten.

Noch mit über 80 Jahren machte Martina Hälg in Romanshorn Wahlkampf für eine grüne Regierungsratskandidatin. Klopfte an jede Haustür, um mit den Menschen zu diskutieren.

Daneben widmete sie sich ihren Kindern und Enkeln. Ihr Mann war bereits 1993 verstorben. Martina liebte ihren Garten und hielt sich beweglich: Selbst im hohen Alter fuhr sie noch mit dem Fahrrad zum Einkaufen. Fast bis zum Lebensende konnte sie in der eigenen Wohnung bleiben; ihre letzten Monate verbrachte sie im Pflegeheim Romanshorn, wo sie kurz vor ihrem 97. Geburtstag verstarb.

Bis heute gilt die Politpionierin Martina Hälg-Stamm als leuchtendes Beispiel für viele Frauen, die sich engagieren und für öffentliche Ämter kandidieren wollen. Mittlerweile hat die Stadt Romanshorn auch eine Straße nach ihr benannt.

Literatur:

MARTINA HÄLG-STAMM: Die Frauenbewegung im Thurgau. In: Albert Schoop (Hg.): Geschichte des Kantons Thurgau. Bd 2. Frauenfeld: Huber 1992. S. 129–135.

VERENA ROTHENBÜHLER: Martina Hälg-Stamm. In: Historisches Lexikon der Schweiz (HLS). www.hls-dhs-dss.ch

DORE HEIM: Pionierin in Mostindien: Martina Hälg-Stamm. In: Work. Die Zeitung der Gewerkschaft, 6.11.2020.

Sehenswert

Das über 600 Jahre alte Schloss am Romanshorner Hafen diente in den 1940er Jahren als »alkoholfreies Volksheim«, geführt vom ansässigen Frauenverein. Heute ist es ein Hotel.

Das Romanshorner Schloss. Hier lernte Martina Hälg ihren künftigen Ehemann Otto Stamm kennen. (Hafenstadt Romanshorn)

Dora Labhart-Roeder in jungen Jahren (Thurgauer Frauenarchiv, TFA ZA 2016-08)

Dora Labhart-Roeder

Erste Thurgauer Anwältin

25. August 1897 – 24. Oktober 1992

Sie erkämpfte sich das Recht, als Juristin zu arbeiten und eröffnete Schweizer Anwältinnen damit erstmals den Weg in die Gerichtssäle.

Als Tochter eines deutschen Sanitär-Unternehmers erblickte Dora Roeder 1897 in München das Licht der Welt. Kurz darauf zog die Familie nach Zürich. Dort wuchs »Dorli« mit drei jüngeren Geschwistern wohlbehütet auf.

Um die Handelsmatura zu erlangen, wurde Dora auf ein Pensionat im französischsprachigen Neuveville (Kanton Bern) geschickt. 1914 begann der Erste Weltkrieg. In Briefen an ihre Mutter berichtete die Siebzehnjährige über Schließung von Geschäften, Banken, sogar ihrer Schule. Das Klima der Unruhe, die Angst vor eventuell einrückenden Franzosen, in der gesamten Bevölkerung spürbar, verunsicherte Dora zutiefst.

Sie sah sich gezwungen, zu ihren Eltern nach Zürich zurückzukehren, die Matura konnte sie erst ein Jahr später nachholen. In der Zwischenzeit unterstützte sie ihre Mutter und kümmerte sich um die Buchhaltung der familieneigenen Sanitärfirma. Zahlen begeisterten Dora, sie dachte logisch, arbeitete koordiniert und zielstrebig. Gleichzeitig war sie eine hervorragende Streitschlichterin, das hatte sie von klein auf bei ihren Geschwistern geübt. Das Vermitteln machte ihr Freude; die Idee, Jura zu studieren, lag da nicht fern.

Dora nahm Kontakt zum Dekan der rechtswissenschaftlichen Fakultät der Universität Zürich auf. Er zeigte sich angetan von Persönlichkeit und Kenntnissen der jungen Frau und ermutigte sie, sich an der Uni einzuschreiben. So begann Dora im Jahr 1915 ein Rechtsstudium in Zürich. Insgesamt 283 Hochschüler umfasste ihr Studiengang – gerade mal 15 davon waren Frauen.

Der Krieg prägte Doras Studienjahre entscheidend. Kommilitonen wurden in die Armee berufen, ein Freund ging freiwillig an die Ostfront. Derweil wuchsen in Zürich die Ressentiments gegen Deutsche: Um nicht aufzufallen, mussten Dora und ihre Familie in der Öffentlichkeit vermeiden, Hochdeutsch zu sprechen.

Im Juli 1918 brach in der Schweiz die »Spanische Grippe« aus. Rund jeder Zweite infizierte sich; etwa 25.000 Menschen starben. Dora überlebte die Epidemie; neben ihrem Studium leistete sie freiwilligen Dienst und pflegte kranke Soldaten.

Bis dahin hatte Dora ihre Studentenzeit genossen. Sie galt als charmant, humorvoll, mischte sich gerne unter Leute, liebte Feiern und Feste. Doch es kam auch zu Missgunst und Feindseligkeit. Kommilitonen rieten ihr, sich besser mit Kochen und Hausarbeit zu beschäftigen, statt den Männern Konkurrenz zu machen und ihnen den Studienplatz wegzunehmen. Professoren pflegten ihre Zuhörerschaft regelmäßig mit »meine Herren« zu begrüßen – egal, wie viele Studentinnen auch vor ihnen sitzen mochten.

Allen Widrigkeiten zum Trotz: Dora Roeder glaubte an ihre Zukunft als Anwältin. Zielstrebig beendete sie im Jahr 1920 ihr Studium mit einer Dissertation zum Zürcher Steuerstrafrecht. Ab sofort durfte sie sich »Doktor iuris utriusque« (in etwa: Doktor der Rechte) nennen.

1922 trat Dora ein Volontariat in einer Kanzlei im Kanton Freiburg an. Ihr neuer Chef, ein fortschrittlicher Jurist, war durchaus bereit, ihr eigene Fälle anzuvertrauen.

Das aber führte zu einem Problem: Nur in den Kantonen Zürich, Basel und Neuenburg durften Frauen überhaupt als Anwältinnen praktizieren. Im Kanton Freiburg blieb es Dora Roeder verboten, ihre Klienten vor Gericht zu vertreten. Amtliche Begründung für diese altbackene Regel: Es läge nicht im Willen des konservativ eingestellten Volkes, dass Frauen in Rechtsberufen Einzug hielten.

Zunächst ignorierte Dora das Gesetz und erschien auf Wunsch eines Klienten vor Gericht, um ihn zu verteidigen. Der gegnerische Anwalt tobte, er würde auf gar keinen Fall gegen eine Frau plädieren, und Dora musste den Saal verlassen.

Sie sah ein, dass sie nur als Anwältin arbeiten konnte, wenn sie eine Möglichkeit fand, die Regeln zu ändern. Also reichte Dora eine staatsrechtliche Beschwerde gegen den Regierungsrat des Kantons Freiburg ein.

Dora Roeder war nicht die Erste in der Schweiz, die sich eine Zulassung als Anwältin erstreiten wollte. Bereits im Jahr 1887 hatte die Juristin

Emilie Kempin-Spyri dasselbe versucht – damals ohne Erfolg. Doch das Rad der Zeit hatte sich weitergedreht. Das Bundesgericht befand, kantonale Regeln, die Frauen vom Anwaltsberuf ausschlossen, seien verfassungswidrig. Die Begründung: Sie schränkten die Gewerbefreiheit der Frauen ein, die allen Bürgern, Männern wie Frauen, per Verfassung garantiert sei. Zudem sei es unsinnig, zu behaupten, Frauen fehlten die intellektuellen und moralischen Qualitäten für den Anwaltsberuf.

Dora Roeder hatte auf ganzer Linie gewonnen: Sämtliche kantonalen Gesetze, die Frauen vom Beruf ausschlossen, wurden gekippt, und Dora erhielt das Anwaltspatent für den Kanton Freiburg.

1928 heiratete Dora den Thurgauer Anwalt Max Labhart. Mit ihm zog die weltgewandte Städterin, die hervorragend Französisch sprach, nach Romanshorn. Auch hier war das Umfeld konservativ, ländlich gar, doch Dora lebte sich ein. Beantragte ein Anwaltspatent für den Thurgau. Zähneknirschend entschied das dortige Obergericht, den entsprechenden Verbotsparagrafen außer Kraft zu setzen; vor dem Bundesgericht war der Fall ja bereits entschieden. Doras Antrag wurde bewilligt. Man hoffe allerdings nicht, dass sich nun eine Flut weiblicher Rechtsanwälte über den Kanton ergießen würde, ließ das Obergericht anschließend verlauten. Die regionale Zeitung hingegen betrachtete den Sieg von »Fräulein Fürsprech« gegen die Behörden durchaus wohlwollend.

Dora Labhart-Roeder hatte ihr Ziel erreicht. In Romanshorn praktizierte sie lebenslang, bekam zwei Kinder, arbeitete unter anderem als außerordentliche Jugendanwältin. Ihre soziale Ader lebte sie in vielerlei Hinsicht aus. So wirkte sie als Gründerin und Präsidentin des Thurgauischen Gemeinnützigen Frauenvereins und engagierte sich auch in vielen anderen Vereinen. Kämpfte für eine bessere Gesetzgebung zum Schutz von Adoptiv- und Pflegekindern. Hielt Vorträge und schrieb Zeitungsartikel. Immer wieder ermutigte sie junge Frauen, ein Hochschulstudium zu beginnen.

Doch trotz allen Engagements brauchen Veränderungen ihre Zeit, und die Hoffnungen des Thurgauer Obergerichts erfüllten sich zunächst: Bis in die 1950er-Jahre blieb Dora Labhart-Roeder die einzige Anwältin im Kanton Thurgau.

Literatur:

DORA LABHART-ROEDER. In: www.frauenarchiv.ch

KATRIN SCHREGENBERGER: »Fräulein Fürsprech« fordert ihr gutes Recht. In: higgs Magazin, 1.03.2020.

Sehenswert

Kleinod am Bodensee: Die Stadt Romanshorn, einst ein winziges Fischerdorf, verfügt heute über den flächenmäßig größten Hafen am gesamten See. Von hier aus verkehrt eine Autofähre zum 13 Kilometer entfernten Friedrichshafen am deutschen Nordufer.

In der Hafenstadt Romanshorn verbrachte die Anwältin Dora Labhart-Roeder den größten Teil ihres Lebens. (Hafenstadt Romanshorn)

Emma Windler

Sparsame, dennoch großzügige Stifterin

28. November 1891 – 10. Januar 1988

Jakob und Emma Windler in ihrem Salon am Klavier (Museum Lindwurm, Foto: Hanslin Zingerli)

Ein Glücksfall: Im Jahr 1945 erbte die bescheidene Emma Windler zusammen mit ihrem Bruder Jakob das Haus »Lindwurm« von einer wohlhabenden Verwandten. Bis dahin hatten die Geschwister nur wenig Geld besessen und ein entbehrungsreiches Leben geführt. Sie entstammten einer Kornhändler- und Bäckerfamilie aus Stein am Rhein, die mittlerweile verarmt war. Die Besitzer des »Lindwurms« hingegen, Emmas und Jakobs Großeltern mütterlicherseits, gehörten zur gutsituierten Familie Gnehm aus der Steiner Oberschicht.

Die junge Emma wurde in einem Pensionat erzogen. Später erwarb sie ihren Lebensunterhalt bei fremden Familien als »Haustochter«; ihr Bruder arbeitete als Kaufmann.

Als Kind war Emma im Haus »Lindwurm« ein und aus gegangen. Für sie verkörperte das altehrwürdige Gebäude Ansehen und Ruhm der von ihr bewunderten Familie Gnehm, deren Stammhaus es gewesen war. Nach der Erbschaft wollte Emma diesen Vorfahren unbedingt gerecht werden.

Im Jahr 1947 beauftragten Emma und Jakob den Schaffhauser Architekten Wolfgang Müller, der ihnen bald zum engen Freund wurde. Der Plan: Müller sollte das Haus umbauen und alten Glanz dorthin zurückbringen. Mit sanierter Fassade und neu gestalteten Innenräumen würde der »Lindwurm« als Bürgerhaus früherer Zeiten wiederaufleben.

Müller machte sich an die Arbeit. Außen an die drei untersten Fenster kamen Korbgitter, die vom Kloster St. Georgen in der Nachbarschaft stammten. Die Erker des Hauses wurden von Dekorationsmalern verziert.

Im Erdgeschoss entfernte Müller eine Wand, vereinigte Hausgang und Nebenraum. An der Decke fand er Reste barocker Malerei und schlug vor, die neu entstandene Eingangshalle im Stil des 17. Jahrhunderts zu gestalten. Für diese Arbeit wurde eigens ein St. Galler Kunstmaler engagiert.

Auch das zweite Obergeschoss erfuhr eine großzügige Veränderung, diesmal im Geist des Empirestils. Die früheren kleinen Kammern verschwanden zugunsten eines Salons. Die von Müller genau geplante Inneneinrichtung wurde von Emma Windler zeitlebens nicht mehr verändert. Noch heute wirkt der Salon, als hätte ihn Emma eben erst verlassen. Neben ihrem Mobiliar ist auch das Klavier dort zu finden, auf dem sie zeitlebens gern musizierte.

Das Authentische war Emma Windler bei der Neugestaltung des Hauses weitaus weniger wichtig als eine gelungene Gesamterscheinung. Ihre Besucher sahen das offenbar ähnlich. So schrieben die Geschwister Windler im Januar 1949 einen begeisterten Dankesbrief an Wolfgang Müller, er habe »ein wahres Kleinod« aus dem Gebäude gemacht. Im Museumsführer des Historikers Peter Bretscher ist der Brief nachzulesen.

Das »Kleinod« wurde Emma Windler zum erfüllten Lebenstraum. Sie sah sich als Hüterin des Hauses, widmete sich hingebungsvoll seiner Pflege und Erhaltung, lebte darin beinahe wie in einem Museum. Ihre entbehrungsreiche Kindheit hatte sie ungemein sparsam gemacht. Auch nach ihrer Erbschaft, die nicht nur das Haus, sondern auch einige Aktien der Basler Firma Sandoz umfasste, blieb Emma bescheiden. Sogar ihr Kaffeepulver soll sie mehrmals aufgebrüht haben.

Zwar lebte Emma Windler sehr zurückgezogen, dennoch interessierte sie sich für andere Leute. Aus ihrem Fenster im ersten Stock des Hauses beobachtete sie gerne das Treiben auf der Straße. Damit sie erkennen konnte, wer bei ihr klingelte, befestigte sie an der Hausmauer einen Spiegel.

Jakob und Emma Windler blieben beide kinderlos. Deshalb beschlossen sie, das Vermögen nach ihrem Tod für soziale Zwecke zur Verfügung zu stellen. Etwa für »Beihilfen an Bürger oder Einwohner schweizerischer Nationalität« oder »Maßnahmen zur Erhaltung und Verschönerung des überlieferten Ortsbildes und der städtischen Museen«. Im Jahr 1972 begründete das Geschwisterpaar die »Jakob und Emma Windler-Stiftung«. Jakob starb drei Jahre später; Emma lebte noch bis 1988.

Zwei Jahre nach Emmas Tod wurde das Haus »Lindwurm« mit Mitteln der Stiftung in ein Museum umgewandelt, das 1993 öffnete. Teil der »Jakob und Emma Windler-Stiftung« ist außerdem die Künstlerresidenz »Chretzeturm«. In diesem um 1200 erbauten Wohnturm finden jährlich vier ausgewählte Literaten oder Künstler eine Heimat auf Zeit.

Literatur:

Peter Bretscher: Museum Lindwurm Stein am Rhein. Bürgerliche Wohnkultur und Landwirtschaft im 19. Jahrhundert. Frauenfeld, Huber 1994.

Sehenswert

Emma Windlers Salon (Ralf Staiger)

Das von Emma und Jakob Windler gestiftete Museum »Lindwurm« in Stein am Rhein befindet sich direkt in der Altstadt. Besucher können sich hier auf die Spuren der Windler-Geschwister begeben. Zudem erfährt man, wie bürgerliche Familien mit ihren Dienstboten und Hausangestellten im 19. Jahrhundert lebten. Im Hinterhaus des Museums werden Alltag und Arbeit der Bauern beleuchtet. Weitere Informationen: www.museum-lindwurm.ch

Hortense de Beauharnais

Ehrgeizige Kaisermutter

10. April 1783 – 5. Oktober 1837

Hortense de Beauharnais im neuen Billardsalon von Arenenberg, Selbstportrait 1832 (Napoleonmuseum Thurgau, Schloss & Park Arenenberg)

Malerisch liegt Schloss Arenenberg oberhalb der Schweizer Ortschaft Mannenbach. Hier fand Königin Hortense de Beauharnais, die Mutter des späteren Kaisers Napoleon III., anno 1817 eine neue Heimat.

Obwohl das Schloss für ihre Verhältnisse klein und zudem recht baufällig war, zeigte sich Hortense vom großen Park und der romantischen Aussicht auf den Untersee äußerst angetan. Sie erwarb das spätgotische

Gebäude mitsamt Gutsanlage, Gärten und Landwirtschaft, renovierte es und baute es im Empirestil um. Die Außenmauer wurde abgerissen, das Haupthaus verlor seine Zinnen und Türmchen. Die zahlreichen prächtigen Salons erhielten ein mondänes Interieur. Den weitläufigen Park ließ sich die Exil-Königin zu einem zwölf Hektar großen englischen Landschaftsgarten herrichten – mit Grotten, Eremitage, Eiskeller und einer Fontäne.

Zu dieser Zeit hatte Hortense Eugénie Cécile de Beauharnais bereits ein turbulentes Leben hinter sich. Ihr Vater Alexandre de Beauharnais war 1794 in Frankreich hingerichtet worden. Zwei Jahre später ehelichte ihre Mutter Joséphine den aufstrebenden Napoléon Bonaparte. Von ihm, dem künftigen Kaiser der Franzosen, wurde Hortense adoptiert und 1802 mit seinem jüngeren Bruder Louis Bonaparte verheiratet.

Hortenses Ehe war alles andere als glücklich. Der 1806 zum König von Holland gekrönte Louis erwies sich als chronisch eifersüchtig und bezweifelte gar die leibliche Abstammung der gemeinsamen Kinder. Drei Söhne bekam Hortense von ihm: Napoléon Charles (starb in früher Kindheit), Napoléon Louis (später kurzzeitig König von Holland) und Charles Louis Napoléon, ab 1852 Kaiser Napoléon III.

Im Jahr 1810 trennte sich Hortense von ihrem Mann. Mit ihrem heimlichen Liebhaber Charles Joseph, Graf von Flahaut, bekam sie einen vierten Sohn, der bei der Familie des Vaters aufwuchs.

Trotz der Auflösung der Ehe ihrer Mutter mit Napoléon I. und trotz ihrer eigenen Trennung von dessen Bruder unterstützte Hortense ihren Schwager und Stiefvater bei seiner kurzzeitigen Rückkehr an die Macht. Nach Napoléons endgültiger Niederlage 1815 musste Hortense aus Paris fliehen. Sämtliche Mitglieder der kaiserlichen Familie sollten aus ihrem Heimatland vertrieben werden. Für Hortense begann eine nervenaufreibende Odyssee. Einige Zeit irrte sie durch Frankreich, Deutschland und die Schweiz, bevor sie endlich am Bodensee Asyl fand.

Mit der Ex-Königin von Holland hielt auch das gesellschaftliche Leben in der Region Einzug. Ihr Bruder und andere Verwandte folgten Hortense an den Bodensee. Vertreter des Hochadels und die politische, künstlerische und intellektuelle Elite des 19. Jahrhunderts gingen auf Arenenberg ein und aus: Dumas, Récamier, Chateaubriand, Liszt, Byron, Humboldt, Delavigne: die Liste der prominenten Besucher des Hauses ist lang. Mit ihren Gästen tauschte sich Hortense über die verlorene Heimat aus. Besprach Kulturelles und Politisches und schmiedete unablässig Pläne zur Rückeroberung des französischen Throns.

Auch Ignaz Freiherr von Wessenberg, der letzte Generalvikar des Bistums Konstanz, war – so der Konstanzer Historiker Tobias Engelsing – ein gern gesehener Gast auf Arenenberg. Von Wessenberg beschrieb Hortense als »einfach und zuvorkommend«, als »geistreiche« Konversationspartnerin. Nur zu gern lenkte sie das Gespräch auf Napoléon Bonaparte, dem sie »wie eine liebende Tochter« zugetan gewesen sei.

Golo Mann nannte Hortense eine »Romantikerin, sehr im Stile der Zeit; begabt zum Harfeschlagen, Klavierspielen, Komponieren, Dichten, Lesen«. Eine gute Musikerin muss sie jedenfalls gewesen sein. Eine Zeit lang wurde ihr sogar die Schöpfung des französischen Liedes »Partant pour la Syrie« zugeschrieben, allerdings war der wahre Komponist wohl ein Flötenspieler an ihrem Hof gewesen. Auch malte sie mit großem Talent, verfasste Memoiren, Briefe, Romanzen. Mit ihrer Selbstinszenierung als »Femme artiste«, als harmlose Dienerin der schönen Künste, lenkte Hortense erfolgreich ab von ihren politischen Ambitionen.

Dabei war die Ex-Königin eine perfekte Netzwerkerin und hatte ein Händchen für Geldanlagen. Sie förderte den Bau der ersten Dampfschiffe am Bodensee und engagierte sich politisch wie kulturell. Veranstaltete Maskenbälle und Empfänge, richtete Hochzeiten aus. Auch ihr mondäner Pariser Schick blieb nicht unbemerkt und wurde von den Damen am ländlichen Bodensee begeistert imitiert.

Zwischen berühmten Gästen, bonapartistischen Verschwörern und etwa 50 Bediensteten wuchs Hortenses dritter Sohn Charles Louis Napoléon auf Schloss Arenenberg heran: Als Siebenjähriger war er mit Hortense an den Bodensee gekommen. Bis zu seinem 30. Lebensjahr verbrachte der Junge die meiste Zeit in der Region.

Seine ehrgeizige Mutter war wild entschlossen, ihn zum künftigen Kaiser der Franzosen zu erziehen. Über Louis' Kinderbett hing ein wandfullendes Porträt seines Onkels Bonaparte. Auf die Lehne seines Kinderstuhls war ein großer Napoleonhut gestickt. Von einem Hauslehrer wurde der Junge militärisch streng geschult: Unterricht wechselte sich ab mit sportlichen Übungen. Spurte er nicht, so setzte es Ohrfeigen. Später kam Louis als Ehrenkadett in die Konstanzer Badische Garnison. Wie Napoléon I. sollte auch er zum Artilleristen ausgebildet werden. Der Junge sprach Deutsch mit alemannischem Akzent und entwickelte sich zunächst zum Dandy und Schürzenjäger. Trotz aller mütterlichen Bestrebungen sah es lange so aus, als ob nichts weiter als ein gelangweiltes, reiches Exilprinzlein aus ihm werden sollte. 1831 aber nahm er mit seinem älteren Bruder Napoléon Louis an einem Aufstand in Italien teil. Der Ältere starb dabei an einer Infektion; Louis wurde durch das beherzte Eingreifen seiner Mutter vor dem Standgericht bewahrt. Mit falschen Pässen reiste Hortense nach Italien und schmuggelte ihren als Lakai verkleideten Sohn aus dem Land.

Der einzige Sohn Napoléons I. war mittlerweile an Schwindsucht gestorben. Dies beförderte Louis zum ersten Anwärter auf den Kaiserthron. Quasi über Nacht entwickelte er sich zum ehrgeizigen Politiker.

Hortense unterstützte ihren Sohn weiterhin, wo sie nur konnte. Im Oktober 1836 versuchte der nun 28-jährige Louis, das Straßburger Artillerieregiment zum Putsch gegen den französischen Bürgerkönig Louis-Philippe aufzustacheln. Man nahm ihn gefangen. Hortense reiste nach Paris und bat beim König um das Leben ihres Sohnes. Daraufhin wurde Louis nach Amerika deportiert. Ein Jahr später kehrte er nach Arenenberg zurück, wo Hortense krebskrank darniederlag. Am 5. Oktober 1837 starb sie dort mit nur 54 Jahren. Es war ihr nicht vergönnt, Louis' Aufstieg zum Kaiser mitzuerleben.

Beinahe 22 Jahre hatte Hortense auf Arenenberg gelebt. Zwar war sie in dieser Zeit viel unterwegs gewesen, hatte unzählige Winter in Rom oder Florenz verbracht, war zu Kuren oder Verwandten gefahren, doch Arenenberg und der Bodensee blieben bis zum Schluss ihre zweite Heimat.

Mit dem Schlösschen hinterließ Hortense ihrem Sohn und der Nachwelt ein veritables Schmuckstück. Bis zu seinem Tod 1873 kehrte Napoléon III. immer wieder in das Haus seiner Kindheit zurück. Seine Witwe, Kaiserin Eugénie, schenkte es im Jahr 1906 mitsamt Inventar dem Kanton Thurgau. Im selben Jahr wurde das Schlösschen zum ersten und einzigen deutschsprachigen Napoleonmuseum umgewidmet. In dem noch immer original ausgestatteten Haus wird jeder Museumsgast so herzlich empfangen, als sei er ein Freund der Königin Hortense höchstpersönlich.

Literatur:

CHRIS INKEN SOPPA: Hortense de Beauharnais. Ein Leben im Schatten Napoléons. Roman. Konstanz, Südverlag 2022.

DOMINIK GÜGEL, CHRISTINA EGLI: Hortense de Beauharnais. Schicksalsjahre einer Königin. Konstanz, Labhard 2013.

TOBIAS ENGELSING: Napoleon III. Der Kaiser vom Bodensee. Konstanzer Museumsjournal 2008.

Sehenswert

Schloss Arenenberg mit seinem weitläufigen Landschaftspark gilt als Geheimtipp am Schweizer Bodensee. Geführte Rundgänge illustrieren anschaulich, wie Hortense mit ihrem Sohn Charles Louis Napoléon Bonaparte hier lebte. In den mit kostbaren und farbenfrohen Stoffen bespannten Salons kann die originale Einrichtung aus der Zeit der kaiserlichen Familie bestaunt werden. Zofenzimmer und Gemälde, prachtvolle Salons, aber auch handgefertigte Kinderschuhe sind zu sehen. Sonderausstellungen machen den Besuch des Napoleonmuseums jedes Jahr aufs Neue zum Erlebnis.
Weitere Informationen: www.napoleonmuseum.tg.ch

Königin Hortenses Zufluchtsort am Bodensee: Schloss Arenenberg (Napoleonmuseum Thurgau, Schloss & Park Arenenberg/Helmuth Scham)

Anneliese Rothenberger im Jahr 1973
(picture-alliance/Sven Simon)

Anneliese Rothenberger

Operettensängerin und Publikumsliebling

19. Juni 1919 – 24. Mai 2010

Als »Primadonna des Charmes« galt sie, als Inbegriff der Klassik-Sängerin, gleichzeitig als Wanderin zwischen den Welten der ernsten und der unterhaltsamen Musik – und als erfolgreichste deutsche Sängerin nach dem Zweiten Weltkrieg. Doch der 1919 in Mannheim geborenen Kaufmannstochter Anneliese Rothenberger war der Erfolg durchaus nicht in die Wiege gelegt. Als kleines Mädchen hatte sie mehrere Schicksalsschläge zu bewältigen. Als sie mit ihrem jüngeren Bruder Fangen spielte, wurde er von einem Auto überfahren und starb. Der Vater – so schildert es Anneliese Rothenberger in ihrer Autobiografie – gab ihr die Schuld und redete kein Wort mehr mit ihr. Kurz darauf starb auch er, an »gebrochenem Herzen«, wie es in der Familie hieß.

Die Mutter, nun alleinerziehend, vermittelte Anneliese das Bewusstsein, ohne Mann in der Familie gelte man nicht mehr viel. Diese Meinung teilten nicht alle. Annelieses Deutschlehrerin – selbst eine begeisterte Sängerin – erkannte das Talent des verschüchterten Mädchens. Annelieses »gottbegnadete Stimme« müsse unbedingt ausgebildet werden, legte die engagierte Pädagogin der Mutter ans Herz. Diese hielt sich und ihre Tochter mit einer mageren Witwenrente über Wasser. Dennoch willigte sie schweren Herzens ein, dass sich Anneliese mit 16 Jahren an der Mannheimer Musikhochschule um einen Studienplatz bewarb.

Die Aufnahmeprüfung schlug fehl. Bei der Arie der Marie aus der Lortzing-Oper »Der Waffenschmied« verpasste Anneliese zweimal ihren Einsatz und fiel durch. Aus der Traum? Nicht ganz. Durch einen glücklichen Zufall durfte sie sich bei der Strauss-Sängerin Erika Müller vorstellen. Die renommierte Künstlerin war von Annelieses Stimme derart angetan, dass sie ihr kostenlosen Unterricht erteilte.

Monate verbrachte die junge Anneliese Rothenberger mit Tonleitern, Stimmübungen, Sprechetüden. Auch Schauspielkunst und Disziplin standen auf dem täglichen Programm. Nach anderthalb Jahren fühlte Anneliese sich versiert genug, um sich an einer kleinen Bühne für eine Elevinnenstelle zu bewerben. Aber wo?

Per Zufallsprinzip wählte Anneliese Rothenberger die Städte Koblenz und Konstanz und bewarb sich bei den dortigen Theaterhäusern. Aus Konstanz erhielt sie nicht einmal eine Absage. Das Konstanzer Stadttheater kann sich deshalb nicht damit rühmen, den späteren Weltstar Anneliese Rothenberger erstmals auf die Bühne gebracht zu haben.

Stattdessen spielte und sang Anneliese in Koblenz, bis das dortige Schauspielhaus 1944 wegen des Krieges schloss. Sie fand eine Anstellung in einer Dosenfabrik und wurde kurz darauf wegen schwerer Anämie zur Erholung aufs Land geschickt. Dort überstand sie den Zweiten Weltkrieg.

Danach begann sie erneut mit dem Singen, gab Hauskonzerte und debütierte an der Hamburgischen Staatsoper als »Oscar« in Giuseppe Verdis »Maskenball«. Bald unternahm sie erste Auslandstourneen und trat sogar im amerikanischen Fernsehen auf. Nach einem Gastspiel an der Deutschen Oper in Düsseldorf wechselte sie an die Wiener Staatsoper. In den 50er-Jahren war Anneliese Rothenberger bereits ein internationaler Star. Ihr lyrischer Sopran wurde in Edinburgh, München, Wien, Berlin, Moskau und auf vielen anderen Bühnen der Welt gefeiert. Sie sang Strauss, Verdi, Mozart. Oper, Operette. Als Konstanze, Sophie, Arabella, Susanna, Pamina. In Alban Bergs »Lulu« an der New Yorker Metropolitan Opera geriet Anneliese laut Kritikern der »New York Times« zum »Luder mit Engelsgesicht«. Für Kunstrichter wie Publikum eine große Überraschung. Der überaus hübschen, aber etwas brav wirkenden deutschen Sängerin hatte man solch spielerische Verruchtheit nicht zugetraut. Ab sofort galt die »Lady von damenhafter Schönheit« als gewitzt, intelligent, geschäftstüchtig und begabt.

Und dennoch: Trotz all ihrer Konzerte und Auftritte wäre Anneliese Rothenberger dem Massenpublikum wohl weitgehend unbekannt geblieben. Doch sie scheute nicht davor zurück, sich auch an Funk und Fernsehen zu versuchen. In ihrem ersten Spielfilm, »Die verschleierte Maja«, sang Anneliese den Titel »Liebe ist ja nur ein Märchen« und machte sich damit zur Schlagerikone. Auch als Moderatorin hatte sie großen Erfolg. Im ZDF bekam sie ihre eigene Unterhaltungsreihe: »Anneliese Rothenberger gibt sich die Ehre«. Man überhäufte sie mit Preisen und Auszeichnungen. In den 70er-Jahren galt sie als beliebteste Frau im deutschen Fernsehen. Die wohlfrisierte Sängerin war nun endgültig auch in den bundesdeutschen Wohnzimmern angekommen.

Schon früh hatte das Multitalent zu malen begonnen, gerne Blumen, Stillleben oder Landschaften. Bereits 1963 präsentierte sie ihre erste eigene Bilderausstellung in Frankfurt am Main, später an zahlreichen anderen Orten in Deutschland und der Schweiz.

Großen Anteil an ihren Erfolgen hatte ihr Ehemann, der Journalist, Redakteur und Lyriker Gerd Wendelin Dieberitz, den sie Anfang der 50er-Jahre geheiratet hatte. Dieberitz fungierte als Manager, ermutigte sie, ihre Talente auszuschöpfen, und stand ihr auch bei finanziellen Fragen mit Rat und Tat zur Seite. Mit ihm schuf sich Anneliese Rothenberger ihren eigenen, privaten Garten Eden: 1971 bezog das Paar das Anwesen »Quellenhof« direkt neben der mittelalterlichen Burg Salenstein hoch über dem Schweizer Seeufer. In ihrer kurz darauf veröffentlichten Autobiografie »Melodie meines Lebens« schildert eine begeisterte Anneliese Rothenberger ihre neu geschaffene Villa »Quellenhof«, teilweise aus uralten Elementen erbaut. Etwa die hölzerne Einfahrt aus ehemaligen Eisenbahnschwellen, käuflich erworben von der Schweizer Bundesbahn. Die Dachziegel kamen von alten Bauernhäusern aus dem Tessin, und die Deckenbalken der »Wohnhalle« waren ebenfalls antiquarisch. Ein Innenhof mit Brunnen sorgte für südliches Flair.

Dazu der atemberaubende Blick auf den Untersee und die Insel Reichenau. Eine riesige Terrasse, ein Schwimmbad und ein 5.000-Quadratmeter-Garten, für dessen jährliche Gärtnerrechnung, so gestand Anneliese Rothenberger 2006 in einem Interview mit Reinhold Beckmann, sie sich ausgiebige Weltreisen hätte leisten können.

Doch eine paradiesische Umgebung wie Salenstein bewahrt nicht vor Schicksalsschlägen. Nach einer Krebserkrankung zog sich Anneliese Rothenberger Ende der 80er-Jahre aus der Öffentlichkeit zurück. Im Jahr 1999 verstarb ihr Mann. Sie selbst wollte bis zu ihrem Lebensende in ihren vertrauten Wänden bleiben. Hier malte und musizierte sie. Fuhr mit dem Auto hinunter ins Salensteiner »Dorflädeli«; ihre flotte Fahrweise war bei den Nachbarn legendär. Pflegte Kontakte, auch zur Grafenfamilie Bernadotte auf der nahe gelegenen Insel Mainau. Dort stiftete sie den »Anneliese-Rothenberger-Preis«, um musikalischen Nachwuchs zu unterstützen. Sie, die in ihrer frühen Karriere selbst von Stipendien und finanzieller Förderung abhängig gewesen war, wollte nun etwas zurückgeben. Unter dem Dach des »Europäischen Kulturforums Mainau« treffen sich vielversprechende junge Opernsängerinnen und -sänger aus Deutschland, Österreich und der Schweiz alle zwei Jahre zum Wettbewerb auf der Blumeninsel.

Den Weg in die Opernhäuser fand Anneliese Rothenberger in ihren letzten Jahren nur noch selten; mit zeitgenössischen Aufführungen kam die eher konservative Sängerin nicht klar. Gegenüber dem »Stern« bekannte sie in einem Interview, neue Inszenierungen enttäuschten sie zumeist. Selbst harmlose Kostümierungen, etwa Bluejeans für die Marschallin im »Rosenkavalier«, betrachtete Anneliese Rothenberger als »einfach daneben«.

Im Mai 2010 gab die Familie Bernadotte den Tod der Künstlerin bekannt. Anneliese Rothenberger war im Kantonsspital Münsterlingen verstorben. Mit ihr ging eine Allrounderin, die sich zeitlebens von Elitedünkel freihalten und gleichzeitig Generationen von Menschen für die Musik begeistern konnte.

Literatur:

Anneliese Rothenberger: Melodie meines Lebens. Selbsterlebtes, Selbsterzähltes. München, Lichtenberg 1972.

Was macht eigentlich Anneliese Rothenberger? Interview. In: Stern, 14.10.2003.

Late Night bei Beckmann: Interview vom 20.11.2006.

Die Lady konnte Luder sein. Nachruf. In: Süddeutsche Zeitung, 25.5.2010.

Sehenswert

Neben der Rothenberger-Villa liegt die mittelalterliche Burg Salenstein, die im 19. Jahrhundert im Stil der englischen Neugotik umgebaut wurde. Heute befindet sie sich im Besitz der Kunst- und Kulturstiftung eines Winterthurer Unternehmers. Der Burgberg kann umgangen werden; eine Besichtigung der Anlage ist nicht möglich.

Burg Salenstein, rechts im Bild das Eingangstor zur Rothenberger-Villa. (Ralf Staiger)

Mathilde Freifrau van Zùylen-van Nyevelt-Ammann

Malerin und Mäzenin

17. Januar 1842 – 18. Mai 1914

Für ihre Zeit muss sie eine ungewöhnliche Erscheinung gewesen sein: Sie fuhr Fahrrad, ging zur Jagd, rauchte teure Zigarren. Trug Brille und Hosen und als erste Frau im Kanton Thurgau noch dazu einen Bubikopf! In Ermatingen als Anna Maria Sophie Mathilde Ammann geboren, entstammte sie einer renommierten, alteingesessenen Familie. Ihr Vater Friedrich Ferdinand Ammann war wohlhabender Weinhändler, zudem Freund und Vertrauter von Napoleon III.

Mit den älteren Geschwistern Hedwig und Theodor verbrachte Mathilde ihre Kindheit und Jugend in Ermatingen. Gerade fünf Jahre alt war sie, als ihr Elternhaus aufgrund eines klassischen Unfalls in Flammen aufging: Die Kinder hatten mit Zündhölzern auf dem Dachboden gespielt. Mathilde kam für zwei Jahre zu ihren Großeltern nach Winterthur. In der Zwischenzeit wurde das Ammann'sche Wohn- und Geschäftshaus in Ermatingen wiederaufgebaut.

Nicht nur dem Sohn, auch ihren beiden Töchtern wollten die Eltern unbedingt eine gute Ausbildung ermöglichen. So wurde Mathilde zunächst von einem Privatlehrer unterrichtet, später besuchte sie die Ermatinger Sekundarschule. 14-jährig verließ Mathilde ihre Heimat, um in Friedrichshafen, später in Stuttgart zur Schule zu gehen. Dort zählte der Dichter Eduard Mörike zu ihren Lehrern. Mit etwa 18 Jahren kehrte Mathilde nach Ermatingen zurück.

1870 heiratete sie den Freiherrn Alexander Guislin van Zùylen-van Nyevelt, Kammerjunker und Kavallerieoffizier des Königs von Bayern. Als frischgebackene Freifrau van Zùylen-van Nyevelt-Ammann bezog Mathilde mit ihrem Mann das Schloss Prüfening bei Regensburg. Dem jungen Eheglück waren allerdings nur wenige Wochen vergönnt. Unerwartet verstarb

Selbstportrait der Mathilde van Zùylen-Ammann, um 1870 (Kunstmuseum Thurgau, Foto: Stefan Rohner)

der Gatte an den Folgen eines Blutsturzes. Mathilde – nun vermögend und unabhängig – kehrte in den Thurgau zurück.

Im Jahr 1871 erwarb sie das Gottlieber »Haus zum Hecht«, später zusätzlich das nahe gelegene »Untere Steinhaus« (heute »Hotel Drachenburg«).

Schon als Kind hatte Mathilde ihre Begabung für Musik, Zeichnen und Malen unter Beweis gestellt. Zwar hatte sie keine Chance auf eine reguläre kunstakademische Ausbildung; noch bis zur Jahrhundertwende blieb Frauen eine solche verwehrt. Stattdessen vermittelten ihr die Eltern privaten Unterricht an der neu gegründeten Kunstakademie in Weimar. Dort wurde Mathilde von den Professoren Stanislaus von Kalckreuth und Karl Gussow betreut. Studienaufenthalte führten sie anschließend nach Paris und München. Zurück in Gottlieben ließ sie sich vom deutlich jüngeren Maler Willy Hummel Unterricht erteilen.

Mathilde malte Landschaften und Porträts: sich selbst, ihre Mutter, ihre Nichten. Sie hatte große Freude daran, hielt sich aber nicht für sonderlich begabt. Ihre Kunst bezeichnete sie leichthin als »pinxen«, eine Verballhornung des lateinischen Wortes »pingere« für »malen«. Nur selten signierte oder verkaufte sie Bilder, lieber verschenkte sie ihre Werke.

Gleichzeitig bemühte sich Mathilde um andere Künstler, die sie für talentiert hielt. Viele von ihnen waren mittellos. Mathilde lud sie zu sich nach Ermatingen ein und förderte sie. Auch illustre Persönlichkeiten wie Hermann Hesse, Emanuel von Bodman, Ludwig Finkh, Emil Thoma, Ernst Kreidolf, Arthur Rubinstein oder der Chirurg und spätere Nobelpreisträger Theodor Kocher besuchten Mathildes Salon im »Haus zum Hecht«. Dort las man eigene Texte, musizierte und sprach über Kunst, Philosophie, Politik und Wissenschaft. Mathilde van Zùylen-Ammann galt als resolute freigeistige Vielleserin. Ihre Schützlinge attestierten ihr männlich-raues, recht auffälliges Auftreten, dabei einen »goldigen Charakter«.

Die vermögende Witwe, die sich mit vielen, teils auch jüngeren Männern umgab, sorgte im Dorf zweifellos für Gerede. Doch als gebildete, unabhängige Frau wird sie sich nicht groß darum gekümmert haben. Neben aller Fortschrittlichkeit hatte Mathilde durchaus Sinn für Tradition: In vier Kochbüchern notierte sie alle Familienrezepte früherer Generationen.

Mit zunehmendem Alter machten ihr die nebligen Herbst- und Wintertage am Gottlieber Seerhein-Ufer zunehmend zu schaffen. Im Jahr 1910 zog sie daher nach Konstanz, später nach Kreuzlingen. Dort starb Mathilde im Alter von 72 Jahren an Herzversagen. Noch im Tod soll sie ein Buch in den Händen gehalten haben. Im Familiengrab der Hertler-Ammann auf dem Tägerwiler Friedhof liegt sie begraben.

Mathildes Bilder fielen nach ihrem Tod der Vergessenheit anheim. Erst in den 90er-Jahren wurden ihre Werke wiederentdeckt. Im Nachlass ihrer Nichte Saskia Egloff fanden sich mehr als 60 Bilder. Einige davon haben mittlerweile ihren festen Platz im Kunstmuseum des Kantons Thurgau.

Literatur:

Hans Heeb: Die unbekannte Malerin am Untersee. In: Ermatinger Zeitdokumente. www.ermatingen-zeitdokumente.ch

Sehenswert

Elternhaus der Mathilde Ammann in Ermatinge heute »Museum Vinorama«. (Ralf Staiger)

Im Elternhaus der Mathilde Ammann in Ermatingen befindet sich heute das »Museum Vinorama«. Unter anderem wird die Geschichte des Weinbaues am Untersee präsentiert. Im sorgfältig restaurierten Haus »Phönix« können Besucher herrschaftliches Wohnen um die Jahrhundertwende nachempfinden.
Weitere Informationen: www.vinorama-ermatingen.ch
In der umfangreichen Sammlung des Kunstmuseums Thurgau finden sich zahlreiche Gemälde von Mathilde van Zùylen-Ammann. Seit 1983 ist das Museum im ehemaligen Kloster Kartause Ittingen in Warth im Kanton Thurgau untergebracht.
Weitere Informationen: www.kunstmuseum.tg.ch

Clara von Bodman

Geduldige Dichtergattin

9. Januar 1890 – 31. Juli 1982

Clara von Bodman
(Bodmanhaus, Privatarchiv Lore Gerster, Gottlieben)

Am Dorfplatz des idyllischen Schweizer Örtleins Gottlieben steht das Haus, das Clara von Bodman 1920 mit ihrem 16 Jahre älteren Ehemann bezog. Heute als »Bodmanhaus« bekannt, bietet es Raum für Lesungen, Stipendiaten, Schreibende, literarisch interessiertes Publikum und sogar für eine Buchbinderei. Damals stand es verwahrlost. »Die Wände waren [...] mit obszönen Sprüchen und Zeichnungen beschmiert«, zitiert Literaturhistoriker Walter Rügert eine entsetzte und enttäuschte junge Clara in seiner ihr gewidmeten Werkauswahl.

Die gebürtige St. Gallerin Clara Herzog hatte in Genf ihr Lehrerdiplom erworben und im nordirischen Belfast an einer Mädchenschule Französisch unterrichtet. Dann heiratete sie den Dichter Freiherr Emanuel von Bodman, der bereits zwei Scheidungen hinter sich hatte und kein einfacher Zeitgenosse war. Bei gemeinsamen Spaziergängen, so berichteten es die Gottlieber, hatte Clara mit großem Abstand hinter ihrem Gemahl herzugehen, um seine »Eingebungen« nicht zu stören. In ihren »Manuel-Geschichten« verrät Clara augenzwinkernd weitere Eigenheiten ihres Ehemanns. Wenn sie still, mit angehaltenem Atem über ihre Handarbeit geduckt neben ihm saß, bezichtigte er sie, »zu laut« zu denken. Beim Essen stellte er einen großen Topf mit Strohblumen zwischen sich und seine Frau, um sich nicht von ihr beobachtet zu fühlen. Clara begegnete seinen Schrullen, Ängsten und Befindlichkeiten mit bewundernswerter Geduld und mütterlichem Verständnis. Doch ab und zu wurde es ihr zu bunt. Einmal, so berichtet sie, machten sie die Marotten Emanuels so wütend, dass sie die große Eichentür des Esszimmers aus den Angeln rüttelte. Der Gatte reagierte betreten und half ihr, die Tür wieder einzuhängen. Die gemeinsame »Präzisionsarbeit« nach ihrem lang unterdrückten Zornesausbruch schildert Clara als »beruhigend«.

Alles in allem scheint Clara von Bodman nicht unglücklich gewesen zu sein mit ihrem Leben als hingebungsvolle Dichtergattin. Ihre Zuneigung zu ihrem Ehemann und ihr Glaube an die Bedeutung seiner Arbeit füllten sie aus. Mit Humor, Intelligenz und zupackender Willenskraft bewältigte sie Rückschläge, Zwistigkeiten, Geldnöte. Ihrem Manuel räumte sie allerlei Widerstände aus dem Weg. Bastelte Puppenstuben, häkelte Tisch- und Bettdecken, ritzte Glas, bemalte Kerzen und besserte mit dem Erlös das dürftige Familieneinkommen auf. Auch nach dem Tod des Dichters im Jahr 1946 blieb sie ganz und gar seinem Werk verpflichtet, pflegte Beziehungen, suchte allenthalben nach Gönnern und Verlegern. Schließlich gelang es ihr, eine zehnbändige Werkausgabe Emanuel von Bodmans im Reclam-Verlag herauszugeben. Damit setzte sie ihrem Dichter ein Denkmal, ohne das er in der literarischen Welt womöglich ein Unbekannter geblieben wäre.

Dabei schrieb Clara von Bodman selbst lesenswerte Texte. Kurzgeschichten. Briefe. In ihrem Essay »Sprache der Farbe« von 1925 schildert sie die auffällige Abscheu vor Buntem, die sie speziell bei gebildeten Menschen beobachtete. Für deren »Farbenangst« macht Clara von Bodman in erster Linie die englischen Puritaner verantwortlich, die ihre Sinnenfeindlichkeit durch Grau, Braun und andere düstere Färbungen ausdrückten und zu einem »Kennzeichen europäischer Bildung« erhoben hätten.

Dieser und andere Texte zeigen: Clara von Bodman war ein durchaus kritischer Geist, zudem eine gute und kontaktfreudige Netzwerkerin. Mit dem israelischen Lyriker Elazar Benyoëtz verband sie eine enge Freundschaft, wie Briefwechsel belegen. Auch hier erwies sie sich als klug, belesen, reflektierend und äußerst empfindsam. An die moderne Lyrik, schrieb sie Benyoëtz, »diese unendlich verdichtete, fast verbergende Form«, müsse sie sich erst gewöhnen, und deren Lektüre bereite ihr trotz aller Bemühungen immer wieder Schwierigkeiten. Näher am Herzen – gestand sie ihrem Brieffreund freimütig – blieben ihr Mörike, Heine, Eichendorff oder die Droste.

Als Kind des Reallehrers Jakob Herzog und seiner Frau Bertha war Clara früh mit Büchern und Literatur in Kontakt gekommen. Ursprünglich hatte sie Clown oder Tänzerin werden wollen. Ihre Mutter bezeichnete Clara in Gesprächen mit ihrer Vertrauten Lore Gerster als »mütterlich in Wärme, Heiterkeit und Liebe; ihr eigentliches Element aber war die Welt des Geistes.«

Zu ihrem Vater, der sie und ihre Brüder regelmäßig mit dem Rohrstock verprügelte, fühlte sich Clara hingegen kaum hingezogen. Ihr Vater war es auch, der Clara von klein auf beibrachte, sich anderen Menschen anzupassen. Auf sonntäglichen familiären Gewaltmärschen, an denen Clara ab ihrem fünften Lebensjahr teilnehmen musste, wurde sie mit Weidenruten angetrieben, sobald sie zu langsam ging. So habe sie gelernt, ihr Leben lang in jede verlangte Richtung zu laufen, wann immer es von ihr erwartet wurde.

Trotz aller Härten in der Kindheit gelang es Clara von Bodman, ein glückliches und sogar weitgehend selbstbestimmtes Leben zu führen. Ihr Ziel, das Andenken Emanuel von Bodmans zu wahren, machte sie auch nach seinem Tod zu einer tätigen, rührigen Frau. Clara schrieb an Verleger, suchte bei Vertrauten nach Rat und Beistand und gewann auf diese Weise lebenslange Freunde. Kurz bevor sie selbst mit 92 Jahren aus dem Leben schied, überschrieb Clara das Gottlieber Haus der »Gräflich von Bodmanschen Familienstiftung«. Ihre Bedingung: eine Gedenkstätte für ihren verstorbenen Mann daraus zu machen. Noch heute kann man im Bodmanhaus das Arbeitszimmer des Dichters besuchen, das Clara selbstverständlich im Originalzustand beließ.

Literatur:

WALTER RÜGERT (HRSG.): »Mit wem möchte ich diese Freude lieber teilen ...« Aus dem Leben von Clara und Emanuel von Bodman. Konstanz, Südverlag 2019.

CLARA VON BODMAN, ELAZAR BENYOËTZ: Solange wie das eingehaltene Licht. Briefe 1966–1982. Konstanz, Hartung-Gorre-Verlag 1989.

Sehenswert

Das ehemalige Wohnhaus von Clara und Emanuel von Bodman in Gottlieben bietet regelmäßig Lesungen und Vorträge. Mittwochnachmittags, nach Veranstaltungen oder nach Absprache kann das Haus besichtigt werden.
Weitere Informationen:
www.bodmanhaus.ch

Ehemaliges Wohnhaus von Clara und Emanuel von Bodman in Gottlieben, heutiges Literaturhaus Thurgau. (Ralf Staiger)

Lisa della Casa

Kluge, schöne und begnadete Opernsängerin

2. Februar 1919 – 10. Dezember 2012

Die Frau mit dem romantisch klingenden Namen kam in Burgdorf im Schweizerischen Kanton Bern zur Welt. Lisas Vater, der Augenarzt Francesco Roberto della Casa war leidenschaftlicher Theater- und Opernliebhaber. Als Laiendarsteller, Sänger und Regisseur betrieb er sogar ein eigenes Theater. Dort stand Lisa bereits als Fünfjährige auf der Bühne; mit acht Jahren gab sie ihr Sangesdebüt. Zwei Filme, »Füsilier Wipf« und »Mir lönd nöd lugg« (heißt in etwa »Wir lassen nicht locker«), dokumentieren Lisa della Casas volkstümliche erste Auftritte. Laientheater und Dialektstücke prägten ihre Kindheit.

Im Teenageralter besuchte Lisa eine Vorführung der Richard-Strauss-Oper »Salome«. Vor allem der »Tanz der sieben Schleier« beeindruckte sie. Um ihn später einmal selbst auf der Bühne tanzen zu dürfen, wollte sie unbedingt singen lernen.

Ihr Vater unterstützte sie in diesem Wunsch. So erhielt Lisa della Casa ab ihrem 15. Lebensjahr Gesangsunterricht bei der renommierten Margarethe Haeser in Zürich und bewies dabei erstaunliches Talent. Bald gab sie ihre ersten Liederabende und sang bei Kirchenkonzerten. Danach studierte sie Gesang am Konservatorium in Bern.

1941 debütierte Lisa della Casa am Städtetheater Solothurn-Biel als Opernsängerin: In Giacomo Puccinis »Madama Butterfly« sang sie die Hauptrolle. Zwei Jahre später erhielt sie ein Engagement an der Züricher Oper. 1947 übernahm sie bei den Salzburger Festspielen die Rolle der »Zdenka« in der Strauss-Oper »Arabella«. Dieser Auftritt machte sie international bekannt. Bereits nach den ersten Proben soll Komponist Richard Strauss höchstpersönlich prophezeit haben: »Die Kleine wird eines Tages meine Arabella sein.«

Tatsächlich avancierte Lisa della Casa bald zur Idealbesetzung der Arabella. Diese Rolle sei, wie die Neue Zürcher Zeitung im Jahr 1958 schwärmte,

Lisa della Casa in den 1960er-Jahren
(picture-alliance/United Archives/kpa/Grimm)

der »klugen, schönen und stimmlich so begnadeten Sängerin auf den Leib gewachsen«.

In nur wenigen Jahren entwickelte sich Lisa della Casa zur gefeierten Primadonna. Sie sang in den größten Opernhäusern der Welt: in Mailand, New York, London, Paris, Wien, München, Rom, San Francisco oder Chicago. Neben der Arabella, ihrer Glanzrolle, umfasste Lisas Repertoire etwa 60 verschiedene Partien. Bis heute gilt sie als einzige Sopranistin von Weltrang, die in der Strauss-Oper »Der Rosenkavalier« gleich vier Rollen sang: Annina, Sophie, Octavian und Marschallin. Presse wie Publikum rühmten Lisa della Casas Schönheit, Eleganz, den unverwechselbaren Charakter ihrer Sopranstimme. Opernliebhaber lagen der »Arabellissima« zu Füßen, die damalige Elite der Dirigenten und Sänger bemühte sich um sie. Der französische Schriftsteller und Regisseur Jean Cocteau würdigte sie gar als »Poetin auf der Bühne«.

Auch in privater Hinsicht lebte Lisa della Casa zunächst bewegt und bunt. Ihren ersten Ehemann, Ernst Geiser, heiratete sie im Jahr 1944, ließ sich aber fünf Jahre später wieder scheiden. Ende 1949 ehelichte sie ihre große Liebe: den serbischen Kunsthistoriker, Musikwissenschaftler und Publizisten Dragan Debeljevic. Gemeinsam mit ihm erwarb sie das idyllisch am Schweizer Seerheinufer gelegene Schloss Gottlieben. 1951 kam Tochter Vesna-Rajka zur Welt. Ein Leben wie im Märchen.

Dann aber wendete sich das Blatt. 1960 erlitt Lisa della Casa eine Fehlgeburt. Als Folge ihrer viel gerühmten, bemerkenswerten Disziplin? Sie war bekannt dafür, geplante Auftritte so gut wie nie abzusagen, selbst wenn es ihr nicht gut ging. Als sich ihre 19-jährige Tochter Vesna Ende 1970 einer gefährlichen Operation unterziehen musste, stand Lisa della Casa am selben Abend im Zürcher Opernhaus mit äußerstem Einsatz auf der Bühne. Doch die OP endete furchtbar: Die Tochter trug eine halbseitige Lähmung davon. Als ständiges Sorgenkind wollte sie dennoch nicht gelten. Sie bat ihre Mutter, ihren Beruf nicht aufzugeben. Der Journalist und Filmemacher Thomas Voigt zitiert in seinem Nachruf das Anliegen Vesnas an ihre Mutter: »Je besser du singst, desto schneller werde ich gesund.«

Drei Jahre später zog Lisa della Casa dennoch die Konsequenzen. Mit gerade mal 54 Jahren verließ sie die Opernbühne endgültig, um sich ganz ihrer Familie zu widmen. Am 25. Oktober 1973 sang sie in Wien zum letzten Mal die Arabella. Die Textstelle »jetzt tanzen wir noch diesen Walzer aus, dann fahr ich fort von euch auf Nimmerwiedersehn« gab Lisa della Casa mit besonderer Inbrunst wieder. Das war ihre Art, sich von Bühne und Publikum zu verabschieden.

Danach betrat sie nie wieder ein Opernhaus. Filmangebote aus Hollywood lehnte sie dankend ab. Nicht einmal privat zu Hause habe sie noch gesungen, berichtete ihr Mann in seiner 1975 veröffentlichten Biografie »Ein Leben mit Lisa della Casa«. Stattdessen begann sie zu malen und Antiquitäten zu sammeln.

Fortan lebte Lisa della Casa mit Mann und Tochter völlig zurückgezogen in Gottlieben. Keine Interviews, kein Kontakt nach außen. Selbst in ihrem Heimatdorf blieb sie die große Unbekannte, nur wenige Nachbarn bekamen sie je zu Gesicht. Einzig im Jahr 2008 brach die Ausnahme-Sopranistin ihr Schweigen und gab für den Dokumentarfilm »Lisa della Casa – Liebe einer Diva« ein Interview. Sie sei nie Sängerin aus Leidenschaft gewesen, verriet sie dort, ihren Beruf vermisse sie nicht. Lediglich zu ihrer Kollegin Anneliese Rothenberger, die ganz in der Nähe lebte, pflegte sie Kontakt.

In ihrem langen Leben erfuhr Lisa della Casa zahlreiche Ehrungen. Sie wurde Österreichische und Bayerische Kammersängerin sowie Ehrenmitglied der Wiener Staatsoper. Im Juli 2012 ernannte Frankreich sie zum »Commandeur des Arts et Lettres«.

Am 10. Dezember 2012 verstarb Lisa della Casa mit 93 Jahren im Schweizerischen Münsterlingen. Bis heute würdigt man sie als legendäre Interpretin und Persönlichkeit. Sie war klug genug, den Verlockungen des Ruhmes zu widerstehen, Krisen und Skandale zu vermeiden. Dank zahlreicher Plattenaufnahmen bleibt die begnadete Sängerin für Opernfreunde unvergessen.

Literatur:

Marianne Zelger-Vogt: Aristokratin der Opernbühne. In: Neue Zürcher Zeitung, 11.12.2012.

Dragan Debeljevic: Ein Leben mit Lisa della Casa oder »In dem Schatten ihrer Locken«. 2. Auflage. Zürich, Atlantis Musikbuch 1990.

Wolfgang Wunderlich, Thomas Voigt: Lisa della Casa – Liebe einer Diva. Filmporträt. Wunderlich Medien, BR, SF, Unitel 2008.

Thomas Voigt: Lisa della Casa. Ein Leben in zwei Welten. Nachruf. In: www.fonoforum.de, 2012.

Sehenswert

Das Schloss Gottlieben liegt direkt am Seerhein. Von Konstanz aus bietet das Ende des Gottlieber Wegs im Wollmatinger Ried einen hervorragenden Blick auf das Gebäude.

Das Heim der Lisa della Casa: Schloss Gottlieben am Schweizer Ufer des Seerheins. (Ralf Staiger)

Albertine von Scherer, illustriert von Ralf Staiger nach einer Daguerrotypie von 1860 (Ralf Staiger)

Albertine von Scherer

Wohltäterin

1786 – 1866

Im Kanton Thurgau, hoch über der Gemeinde Tägerwilen am Seerhein, liegt das bedeutendste Spätrenaissance-Schloss der Ostschweiz: Schloss Castell. Zum Ende des 19. Jahrhunderts hatte der damalige Hausherr Baron Max von Scherer zu Scherburg den ursprünglichen Altbau von 1580 mithilfe des Stuttgarter Historismus-Architekten Otto Tafel auf die heutige imposante Dimension erweitern lassen.

Denken wir uns den Westturm weg, den Ostturm kleiner, das Gesamtgebäude deutlich schlichter. So können wir uns in etwa vorstellen, wie das Schloss aussah, als Max' Großmutter Albertine von Scherer hier lebte und wirkte.

Mit 22 Jahren hatte Albertine Dorothée Scherer von Castell in die eigene weitläufige Familie eingeheiratet. Sie ehelichte ihren drei Jahre älteren Cousin, den St. Galler Kaufmann und Oberstleutnant Johann Philipp Adrian von Scherer de Granclos zu Scherburg. Dieser war im internationalen Textilhandel tätig, zudem ein einflussreiches Mitglied des Großen Rates, Kanton St. Gallen.

Mit 52 Jahren verstarb Johann Philipp Adrian und hinterließ seiner Witwe ein enormes Vermögen. Sie entschied sich, ihr restliches Leben gemeinsam mit ihrer ledigen Schwester Henriette auf dem elterlichen Schloss Castell zu verbringen. Die beiden wohlhabenden Frauen nahmen großen Anteil an den Nöten und Angelegenheiten ihres Dorfes Tägerwilen, erkannten Mängel und Missstände, versuchten zu helfen. So stifteten sie beispielsweise eine Mädchen-, Arbeits- und Kleinkinderschule.

Im sogenannten »Jahr ohne Sommer« anno 1816 blieb das Wetter ganzjährig ungewöhnlich kalt. Die Folge: schwere Ernteeinbußen und überteuerte Getreidepreise. 1817 brach eine große Hungersnot aus. Menschen aßen unreifes Obst, Schnecken, Blätter, gekochtes Moos oder Graswurzeln. Auch hier versuchten die Scherer-Schwestern zu helfen, wo sie konnten. Um die

Bedürftigen des Dorfes über die Runden zu bringen, spendeten sie ihnen regelmäßig eine Armensuppe.

Auch um die Infrastruktur des Dorfes kümmerten sie sich. Ließen Grundstücke und Gebäude pflegen, die Straßen regelmäßig sanieren. Außerdem bestritten Albertine und ihre Schwester rund die Hälfte aller Gemeindesteuern: eine bedeutende Finanzspritze für das gesamte Dorf Tägerwilen.

Kein Wunder also, dass die Wohltäterin Albertine von Scherer mitsamt ihrer Schwester von den Tägerwilern ungemein geschätzt wurde. Für »besondere erwiesene Wohltaten in der Gemeind« ließ man ihnen gar eine Auszeichnung zukommen. Speziell Albertine hielt man für äußerst klug und ehrte sie für ihre »hohen Geistesgaben«.

Im Jahr 1866 starb Albertine von Scherer hochbetagt auf ihrem Schloss Castell hoch überm Seerhein. Ihr Grabstein an der Nordwand der Tägerwiler Kirche ist bis heute erhalten.

Literatur:

Tobias Engelsing, Lisa Foege, Ines Stadie: Charakterköpfe. Bodenseegeschichte in Porträts, Miniaturen und frühen Fotografien. Konstanz, Rosgartenmuseum 2018.

Tobias Engelsing, Anne-Katrin Reene: Schlösser am See. Konstanz, Südverlag 2012, 2015.

Wilhelm Tobler-Meyer: Das Junker-Geschlecht der Scherer aus der Stadt St. Gallen. In: Schweizerisches Archiv für Heraldik, Bd. 16, Heft 1, 1902.

Sehenswert

Schloss Castell: bedeutendstes Spätrenaissance-Schloss der Ostschweiz und Heimat der Albertin von Scherer. (Ralf Staiger)

Östlich des Schlosses Castell liegen die Ruinen der ehemaligen Burg Castell aus dem 12. Jahrhundert, einer der größten mittelalterlichen Wehranlagen im Bodenseeraum. Der dortige Turm bietet einen wunderbaren Blick auf den Untersee. Während die Burgruine jederzeit besucht werden kann, ist der Aussichtsturm montags bis freitags und an jedem ersten Wochenende im Monat tagsüber geöffnet.

Melanie Schürer-Tschudy

Die »Wohltäterin von Egelshofen«

1827 – 1906

Eine Erbschaft aus Amerika veränderte ihr Leben: Früh Witwe geworden und gefährlich verarmt, wurde Melanie Schürer-Tschudy über Nacht zur Millionärin.

Ursprünglich stammte die als Melanie Tschudy Geborene aus dem Kanton Glarus. Ihr Vater, Christoph Tschudy-Jenny von Schwanden, wirkte als Pfarrer im Dorf Ennenda, heute Teil der Gemeinde Glarus. Erst die Heirat mit dem Kreuzlinger Gutsbesitzer Jakob Schürer im Jahr 1864 führte die damals 37-jährige Melanie an den Bodensee. Doch das Eheglück währte nicht lange. Jakob, zwei Jahre jünger als sie, starb bereits 1880 und ließ seine Frau gänzlich mittellos zurück. Von nun an musste Melanie ihren Lebensunterhalt mühsam mit niederen Diensten bestreiten; sie verdingte sich als Wäscherin und arbeitete hauptsächlich für Kreuzlinger Familien.

Zehn Jahre später besserte sich ihre Lage schlagartig. Eine unerwartete Erbschaft erreichte Melanie Tschudy aus den USA. Geld, viel Geld kam da, mehr als die frischgebackene Millionärin je für sich selbst brauchen würde. Inzwischen war Melanie Tschudy Mitte 60, und die langen Jahre des Hungerleidens hatten sie nachhaltig geprägt. Darum setzte sie ihr reiches Erbe ein, um bedürftigen Kreuzlinger Bürgern und Bürgerinnen zu helfen. Ihrer Großzügigkeit und ihrem über 15 Jahre währenden unermüdlichen Einsatz verdankt sie die Ehrenbezeichnung »Wohltäterin von Egelshofen«. Bis 1874 war Kreuzlingen Teil der Gemeinde Egelshofen, heute ist Egelshofen ein Quartier der Stadt Kreuzlingen.

1906 starb Melanie Tschudy beinahe 80-jährig; bis zu ihrem Lebensende hatte sie sich unermüdlich für die Armen und Bedürftigen ihrer Stadt eingesetzt.

Ein Grabmal aus weißem Marmor markiert bis heute ihre Ruhestätte auf dem Kreuzlinger Friedhof. Im Museum Rosenegg ist ein großes Ölpor-

Ölportrait der Melanie Schürer-Tschudy (Unbekannter Künstler, Museum Rosenegg, Kreuzlingen)

trät von ihr zu sehen. Es zeigt Melanie Schürer-Tschudy als hochbetagte Witwe mit einem Buch in der Hand.

Literatur:

TOBIAS ENGELSING, LISA FOEGE, INES STADIE: Charakterköpfe: Bodenseegeschichte in Porträts, Miniaturen und frühen Fotografien. Konstanz, Rosgartenmuseum 2018.

ALBERT KNOEPFLI: Kreuzlinger Häuser II. In: Beiträge zur Ortsgeschichte von Kreuzlingen. Heft 8, 1954. Darin »Der Schoder« und »Olbrechtsches Gut«.

Sehenswert

Das Kreuzlinger Museum Rosenegg zeigt nicht nur das Ölporträt der Melanie Schürer-Tschudy. Besucher lernen bei einem Rundgang weitere bekannte Persönlichkeiten Kreuzlingens kennen. Das Haus stammt aus dem 18. Jahrhundert; heute dient es auch als kultureller Begegnungsort über die Grenze zwischen Deutschland und der Schweiz hinweg.
Weitere Informationen:
www.museumrosenegg.ch

Im Museum Rosenegg kann Melanie Schürer-Tschudys Porträt besichtigt werden. (Ralf Staiger)

Saskia Egloff am 26. Juli 1945 (Saskia-Egloff-Stiftung)

Saskia Egloff
Wanderin zwischen den Welten

29. Mai 1902 – 1994

Das Mädchen Elsa Mathilde Saskia Egloff wurde in gehobene Verhältnisse geboren. Als Tochter des Arztes August Egloff und der Aristokratin Helene Ammann aus Tägerwilen erblickte sie am 29. Mai 1902 in Kreuzlingen das Licht der Welt. Dank ihrer Eltern lernte sie von Anfang an unterschiedliche Lebensbereiche kennen. Der Vater, eine starke und beliebte Persönlichkeit, entstammte einer Tägerwiler Bauern- und Beamtenfamilie. Die Mutter verkörperte das willensstarke Großbürgertum: Ihre liberalen Ansichten, in denen Chance auf freie Bildung und ein ebensolches Leben eine große Rolle spielten, gab sie an ihre Tochter weiter.

Saskia besuchte die Kreuzlinger Primar- und Sekundarschule, begann zunächst eine Ausbildung zur Lehrerin. Dann wechselte sie an die Kantonsschule Frauenfeld, um dort die Matura zu machen. Gern wäre sie Medizinerin geworden, dann aber entschloss sie sich, an der Universität in Zürich Sprachen zu studieren. Einen klassischen Beruf erlernte sie nicht; sie hatte das Glück, vom Vermögen ihrer Eltern leben zu können.

Dieses Vermögen und die damit verbundenen Freiheiten wusste Saskia Egloff entschieden zu nutzen. Ab den 30er-Jahren bereiste sie die Welt: Europa, aber auch Indien, Thailand, die USA oder Nordafrika. Dabei erwarb sie sich Kenntnisse in Englisch, Französisch, Italienisch und Spanisch. Stets mit im Gepäck: ihre Fotokamera. Während einer Spanienreise 1934 machte sie bereits mehrere Hundert Aufnahmen.

Auch hier kam Saskia Egloff das Vermögen ihrer Eltern zugute. Foto- und Filmausrüstungen kosteten eine Menge Geld. Bald beklagte sich Saskias Familie über ihre teure »Liebhaberei«. Wohlgemerkt: Professionelle Fotografie wurde damals meist von Männern betrieben, Frauen galten bestenfalls als Amateurinnen.

Doch Saskia Egloff ließ sich nicht entmutigen. 1939 fuhr sie für mehrere Wochen nach Ägypten. Pfefferminze, Kirschwasser, Zucker, ein englisches Wörterbuch und zwei Fotoapparate trug sie stets bei sich. Ihre 18-köpfige Reisegesellschaft bestand mehrheitlich aus Akademikern; begleitet wurde die Gruppe vom Direktor der ägyptologischen Sammlung des Kunsthistorischen Staatsmuseums Wien. Auf dieser Reise machte Saskia Egloff mehrere Hundert Farb- und Schwarz-Weiß-Aufnahmen. Ihr Blick auf die Umgebung wurde geprägt durch das Kameraobjektiv.

Saskia Egloff war es ein Anliegen, auch andere an ihren Eindrücken teilhaben zu lassen. So veranstaltete sie nach ihrer Ägyptenreise »Lichtbildvorträge« vor ausgesuchter Gesellschaft, beispielsweise im Yachtclub Kreuzlingen oder vor den Mitgliedern des Tennisclubs.

Während des Zweiten Weltkriegs leitete Saskia Egloff das Sekretariat der »Sektion Thurgau, See- und Rheintal« des Schweizer Roten Kreuzes. Diese Funktion gab ihr die Möglichkeit, mehrere vom SRK betreute humanitäre Einsätze filmisch und fotografisch festzuhalten. Sogar für Deutschland erhielt sie eine Film- und Fotogenehmigung.

Ein wichtiges Ereignis: der Kriegsgefangenenaustausch, der im Januar 1945 zwischen Deutschen und Alliierten stattfand. Züge mit Tausenden teils schwer verletzten Gefangenen verkehrten damals zwischen Konstanz und Marseille. In Kreuzlingen und Genf übernahm das SRK die Verpflegung von Zivilisten und Soldaten. Saskia Egloff begleitete das Projekt fotografisch; ihre mehrseitige Bildreportage wurde später in der Schweizer Illustrierten Zeitung veröffentlicht. Für die Aufnahmen erhielt Saskia Egloff ein Honorar, als Urheberin der Fotos wurde sie jedoch nicht genannt.

Auch über die wenig später vom Roten Kreuz organisierte Heimreise von Gefangenen aus Konzentrationslagern wie Mauthausen oder Ravensbrück berichtete Saskia Egloff fotografisch. Zudem dokumentierte sie die Verhältnisse im Flüchtlingsheim in Kreuzlingen, wo sich zahllose Schutzsuchende aus unterschiedlichen Ländern nach Kriegsende einfanden. In der Ausgabe vom 7. Juni 1945 veröffentlichte die SRK-Zeitschrift »Das Rote Kreuz« eine Fotografie von Egloff, unterließ es aber ebenfalls, sie als Urheberin zu erwähnen.

Saskia Egloffs Bilder hinterlassen Spuren. Von Menschen und ihren Lebensgeschichten. Von den Flüchtlingen, die im April 1945 in Kreuzlingen über die Grenze kamen. Vom Zeltlager in Emmishofen, das zur selben Zeit errichtet wurde. Oder von deportierten Frauen, die ihre Heimreise aus den Konzentrationslagern nicht überlebten und auf dem Münsterlinger »Fremdenfriedhof« ihre letzte Ruhe fanden. Das Schicksal dieser Frauen schien Saskia Egloff besonders nahegegangen zu sein.

Zeitlebens blieb Saskia unverheiratet. In jungen Jahren hatte sie sich in Spanien in einen dortigen Adeligen verliebt, was die Familien nicht unterstützten. Saskias trotzige Reaktion: Dann würde sie eben gar nicht heiraten. Im Jahr 1946 kam es doch zur Verlobung, unstandesgemäß, mit einem Bäckermeister. Aber die Beziehung ging noch vor der Hochzeit in die Brüche.

So widmete sich Saskia Egloff weiterhin der Dokumentation von Menschen und Geschehnissen in aller Welt. Bis 1980 führte sie das Sekretariat der Rotkreuz-Sektion.

Ihre Freizeit verbrachte sie im lokalen Yacht- und Tennisclub, fuhr gerne Ski. In der Kreuzlinger »Badi« ging sie täglich schwimmen, auch im Winter. Zudem interessierte sich die weltoffene Frau für fremde Religionen, für Yoga und Buddhismus. Gute Literatur war ihr wichtig, die Beziehung zu Freunden.

Auch an ihren Eltern hing Saskia Egloff sehr. Als sie 1939 von ihrer Ägyptenreise zurückkehrte und von Vater und Mutter am Bahnhof abgeholt wurde, schrieb sie in ihr Tagebuch, wie glücklich sie sei, wieder daheim zu sein. Und, voller Zukunftsangst, dass die Vorstellung, nach dem Tod ihrer geliebten Eltern ganz alleine leben zu müssen, sie schrecklich belaste.

Saskia Egloffs Eltern starben in den 50er-Jahren und vererbten der Tochter das riesige Familienhaus, in dem sie von nun an alleine wohnte. Sämtliche 26 Zimmer hielt sie in peinlichst aufgeräumtem Zustand. Das Haus barg unzählige Gegenstände aus mindestens drei vorangegangenen Generationen. Etwa eine komplette Arztpraxis, eine Apotheke und sogar den ersten Röntgenapparat, den es im Kanton Thurgau gab (mittlerweile im Deutschen Röntgenmuseum in Remscheid zu besichtigen).

Zeitlebens ließ Saskia Hut, Mantel und Stock ihres Vaters an der Garderobe ihres Elternhauses hängen. Nach dem Tod der Eltern öffnete sie das Haus als Salon für Intellektuelle. Das Patenkind der Malerin Mathilde van Zùylen-Ammann fühlte sich zu kreativen Kreisen hingezogen. Lebenslang pflegte Saskia Egloff Kontakte mit bedeutenden Künstlern aus ganz Europa. Freigiebig war sie auch: Bettler und Vagabunden versorgte sie mit Wegzehrung und Geld. Nach dem Zweiten Weltkrieg unterstützte Saskia Egloff auch bedürftige Deutsche über die Grenze hinweg.

Die Anlage ihres Vermögens brachte Saskia allerdings wenig Glück. Sie vertraute einem Treuhänder, der ihr Geld abenteuerlich investierte und vor allem in seine eigene Tasche wirtschaftete. Bei Immobiliengeschäften verlor sie eine Menge Geld.

Daraufhin erlitt Saskia Egloff eine schwere Depression, von der sie sich bis zum Lebensende nicht mehr erholte. 1994 verstarb sie mit 92 Jahren in einem Pflegeheim in Berg. Sie hinterließ rund 30.000 Fotoaufnahmen, Negative, Dias und Filme aus sieben Jahrzehnten.

Im Jahr 1998 kaufte Otto Egloff, Patenkind der Verstorbenen, den fotografischen und filmischen Nachlass auf und gründete die »Saskia-Egloff-Stiftung«. Deren Ziel: die Fotos und Filme dieser bedeutenden Kreuzlinger Zeitzeugin aufzuarbeiten und historisch einzuordnen.

Literatur:

MICHAEL BÜRGI: Die Cheopspyramide ist so gewaltig, dass man sie mit einem gewöhnlichen Objektiv nicht von nahem kann aufnehmen. Fotografien von Saskia Egloff. In: Kreuzlingen – Kinder, Konsum und Karrieren 1874–2000. Kreuzlingen, Wolfau-Druck 2001.

URS BRÜSCHWEILER: »Nach der Grenze brach das Leben aus«: Die Erinnerungen eines Lokführers an den Kriegsgefangenen-Austausch vom November 1944 in Kreuzlingen. In: Kreuzlinger Tagblatt, 16.11.2019.

Sehenswert

Am Kreuzlinger Hafen markiert das Restaurant »Alte Badi« heute den Standort des einstigen »Seebadis«.
Weitere Informationen:
www.alti-badi.ch

Kreuzlinger »Badi« 1943 (Saskia-Egloff-Stiftung)

Fida Pfisterin
Herbergswirtin des Jan Hus

um 1385 – 1459

Fida Pfisterin beherbergt Jan Hus – Illustration von Ralf Staiger anlässlich des 600-jährigen Konstanzer Konziljubiläums 2014–2018. (archiv pragmadesign, Illustration Ralf Staiger)

Einem angesehenen Meersburger Bürgergeschlecht entstammte Fida, als Tochter der Margarethe und des Burkhart Held. Ihr Vater war Meersburgs oberster Bürgermeister; auch ihr Bruder Konrad bekleidete später dieses Amt. Fida selbst ging nach Konstanz und heiratete dort den gut betuchten Bürger und Stadtrat Hans Pfister von Diessenhofen. Sie war seine zweite Frau; die Verbindung erwies sich allerdings als reine Vernunftehe. Hans Pfister war deutlich älter als Fida und zu Beginn des Konstanzer Kirchenkonzils 1414 bereits verstorben. Die »Pfisterin«, wie die kaum 30-jährige Witwe genannt wurde, musste nun allein für ihre minderjährigen Kinder aufkommen. Um wirtschaftlich zu überleben, führte Fida das Anwesen ihres verstorbenen Mannes, das »Haus zur Roten Kanne«, selbstständig als Gasthof. In den vier Konzilsjahren 1414 bis 1418 kamen hohe Besucher zu ihr, darunter auch der böhmische Reformator Jan Hus. Am 3. November 1414 erreichte er Konstanz. König Sigismund hatte dem unbequemen Theologen, der das Prunken und Prangen der Kirche und ihrer Päpste entschieden ablehnte, freies Geleit zugesichert. Mit mehreren Gefolgsleuten zog Jan Hus in das Haus der Pfisterin, so berichtet es der damalige Konstanzer Stadtschreiber Ulrich Richental in seiner Chronik.

Die »gute Witwe namens Fida«, wie sie von einem Begleiter Jan Hus' bezeichnet wurde, ließ den Reformator sogar in ihrem Haus predigen. Kirche und Klerus betrachteten seine Ideen und Ansichten allerdings als gefährlich und ketzerisch. Deshalb wurde Jan Hus bereits am 28. November 1414 vom Konstanzer Bürgermeister und zwei Bischöfen abgeholt und gefangen genommen. Fida Pfisters Herberge war seine letzte Station vor dem Kerker und schlussendlich seinem Tod auf dem Scheiterhaufen, vor dem ihn auch der König nicht mehr bewahren wollte.

Durch kaufmännisches Geschick und eigene kleine Geschäfte überstand Fida Pfisterin materiell schwierige Zeiten. Sie handelte mit verschiedenen Gütern und Waren. Besaß eine Wiese in Kreuzlingen. 1417 hatte sie genügend Geld erwirtschaftet, um für 90 Pfund Pfennige Konstanzer Währung einen kleinen Gutshof in Mittelstenweiler zwischen Markdorf und Salem zu erwerben. Als ihre Tochter 1425 ins Meersburger Frauenkloster eintrat, überschrieb Fida den Gutshof als »Brautschatz« dorthin. Zusammen mit ihrem Bruder Konrad und ihrer Schwester Anna war sie außerdem im Besitz eines bischöflichen Lehens im Meersburger Hinterland.

1418 versteuerte Fida Pfisterin in Konstanz 1.400 Pfund Heller liegendes und 600 Pfund Heller fahrendes Vermögen; sie galt damit als wohlhabend. Man stelle sich vor: Mit diesem Geld hätte sie vier große Stadthäuser, 730 Rinder oder 145 Pferde erwerben können. Zwischen den Jahren 1422 und 1425 veräußerte Fida ihr Anwesen »Zur Roten Kanne« und zog in die heutige Katzgasse. In der spätmittelalterlichen Welt, die sich besonders für alleinstehende Frauen als gefahrvoll und schwierig erweisen konnte, war es Fida gelungen, ihr Leben eigenständig zu meistern.

Ihr »Haus zur Roten Kanne« identifizierte der Konstanzer Historiker Gernot Blechner im Jahr 1983 als eigentliche Herberge des Reformators Jan Hus. Heute steht es stark umgebaut da, von der mittelalterlichen Fassade ist kaum etwas zu sehen. Das Konstanzer Hus-Museum, wenige Häuser weiter südlich gelegen, bleibt daher auch weiterhin eine wichtige Gedenkstätte für den tschechischen Gelehrten und Reformator. Dort ist die gotische Architektur im Inneren des Hauses noch gut zu erkennen und zeigt damit auch, wie Fida Pfisters Haus 1414 ungefähr ausgesehen haben könnte.

Literatur:

Gernot Blechner: Wo in Konstanz war die Herberge des Jan Hus? Eine Hauslokalisierung anhand zeitgenössischen Quellenmaterials. In: Schriften des Vereins für Geschichte des Bodensees und seiner Umgebung. Konstanz 1983.

Ulrich Richental: Augenzeuge des Konstanzer Konzils: Die Chronik des Ulrich Richental. Stuttgart, Theiss 2014.

Sehenswert

Das »Hus-Haus« in Konstanz ist seit über 200 Jahren ein Zentrum der Verehrung des Reformators Jan Hus. Seit 1980 beherbergt das Museum eine Dauerausstellung über Leben und Wirken des tschechischen Gelehrten.
Weitere Informationen:
www.konstanz.de

Links im Bild: das heutige »Haus zur Roten Kanne« in der Konstanzer Hussenstraße 22. Hier wohnte Fida Pfisterin anno 1414 und beherbergte ihre Gäste. (Ralf Staiger)

»und sie dreht sich immer noch«: die Imperia-Figur am Konstanzer Hafen (Ralf Staiger)

Imperia

Powerfrau und Hafenikone

15. Jahrhundert / 1993

Sie dreht sich einmal in vier Minuten um sich selbst. Und sorgte für einen ordentlichen Skandal, als sie 1993 mit ihren neun Metern Höhe und 18 Tonnen Gewicht an die Konstanzer Hafeneinfahrt gestellt wurde. Die Betonskulptur der leicht bekleideten Gunstgewerblerin, die zwei zwergige Nackte mit Papsthut und Königskrone auf ihren Händen trägt, war manchem Gemeinderat von Konstanz zu viel. Das »Hurenstandbild« müsse schleunigst wieder abmontiert werden, forderten Vertreter der Stadt.

Dazu fehlte jedoch die rechtliche Handhabe: Die Hafenanlagen gehörten der Bundesbahn. Mit Unterstützung des Fremdenverkehrsvereins und einiger Sponsoren kam Imperia-Schöpfer Peter Lenk beim Her- und Aufstellen seiner Skulptur ohne öffentliche Mittel aus. Da konnten die Stadtoberen schreien und wüten, wie sie wollten. Die Medien berichteten weltweit darüber. Das Imperia-Denkmal dreht sich noch immer an Ort und Stelle weiter und hat sich längst zum Wahrzeichen von Konstanz gemausert.

Was aber soll das Kunstwerk bedeuten? In erster Linie erinnert die Statue an das Kirchenkonzil, das von 1414 bis 1418 in Konstanz stattfand und etwa 70.000 Besucher an den Bodensee lockte. Initiator der Großveranstaltung war König Sigismund, zum Schluss wurde auch ein Papst in Konstanz gewählt: Martin V. Etwa 700 Prostituierte kümmerten sich in der Stadt um das körperliche Wohlergehen der weltlichen und geistlichen Gäste.

Literarisches Vorbild für die Hafenfigur ist die Erzählung »La belle Impéria« von Honoré de Balzac. Als Kurtisane beim Konstanzer Konzil macht sich die schöne Powerfrau zur Geliebten von »Kardinälen, Würdenträgern, Fürsten und Markgrafen«, nutzt deren Geheimnisse für ihre eigenen Zwecke, zieht hinter den Kulissen die Strippen und gerät so zur heimlichen Herrscherin des Konzils. Ein mittelloses »hübsches Pfäfflein«, ein junger naiver Geistlicher, verliebt sich in die aufrechte Horizontale und wird schließlich von ihr erhört. Sehr unterhaltsam erzählt Balzac von der Doppelmoral der Geistlichen in Konstanz:

Mais il veit dans ce Concile mystigoricque force gens menant une vie dissolue, et n'en gaignant pas moins, et mesmes plus d'indulgences, escuz d'or, bénéfices que tous autres saiges et bien rengez.

Übersetzt bedeutet das:

Doch er traf bei diesem heiligen Konzil eine Menge Leute, die ein ausschweifendes Leben führten und nicht weniger, sondern mehr Pfründe, Ablässe oder Geld scheffelten als all die Artigen und Frommen.

Die historische Vorlage für Balzacs Heldin hieß übrigens Imperia Cognati. Geboren in der zweiten Hälfte des 15. Jahrhunderts, lebte sie in Rom und zählte zu den berühmtesten Kurtisanen der Renaissance. Imperia war eine Frau von Bildung, sie dichtete, komponierte, zitierte lateinische Verse und gewährte Kardinälen, Bankiers oder auch Künstlern ihre Gunst. Dichter priesen und rühmten sie. Vom italienischen Renaissancekünstler Raffael wurde die Lustmuse sogar als Dichterin Sappho gemalt – ausgerechnet für den Vatikan.

Imperias Wirken und Walten in Konstanz ist allerdings reine Erfindung Balzacs. Die echte Renaissance-Dame lebte einige Jahrzehnte nach dem Kirchenkonzil und kam wohl nie an den Bodensee.

Die Konstanzer Imperia wiederum trägt nicht nur reichlich Brust und Bein, sondern auch eine Narrenkappe mit Schellen. Damit nimmt sie neben der Rolle der intriganten Kurtisane zusätzlich die des Hofnarren ein, der das Spiel der Herrscher und Häupter durchschaut und auf die Schippe nimmt. Sobald die Mächtigen ihrer prächtigen Kleider beraubt werden, geraten sie zu Witzfiguren. Um empfindliche Gemüter nicht über Gebühr zu erregen, bot Künstler Peter Lenk in einem Interview seine eigene Interpretation zu den zwei wichtigen Wichten, die Imperia auf ihren Händen trägt. Bei diesen Figuren handele es sich lediglich um »Gaukler, die sich die Insignien der weltlichen und geistlichen Macht angeeignet« hätten.

Der Konstanzer Fremdenverkehr jedenfalls profitierte von der prächtigen Hafenikone. Längst hat die Stadt das Denkmal vom Fremdenverkehrsverein gekauft. Und im Rahmen des Konziljubiläums von 2014 bis 2018 feierte Konstanz das Jahr 2016 sogar komplett im Zeichen der Imperia.

Literatur:

Honoré de Balzac: Les Contes drôlatiques. Paris, Garnier frères 1921.

Helmut Weidhase: Imperia: Konstanzer Hafenfigur. Konstanz, Stadler 1997.

Peter Lenk im Interview mit Jasmin Hummel: 20 Jahre Imperia, … und sie dreht sich immer noch. In: Bodensee-Magazin 2013. Konstanz, Labhard.

Sehenswert

In Balzacs Erzählung residierte Imperia im »prächtigsten Haus der Stadt«. Vielleicht im »Haus zum Hohen Hafen« am Konstanzer Obermarkt? Um 1900 entstandene prächtige Wandbilder zeigen u. a. die Belehnung des Burggrafen von Nürnberg durch König Sigismund, die 1417 auf diesem Platz stattfand.

Die prächtigsten Häuser der Stadt stehen am Obermarkt: das »Barbarossa« und das »Haus zum Hohen Hafen«. (Ralf Staiger)

Selbstbildnis Marie Ellenrieder, Bleistift, schwarze und farbige Kreiden auf Papier, um 1820 (Rosgartenmuseum Konstanz)

Marie Ellenrieder

Malerin und kompromisslose Pionierin

20. März 1791 – 5. Juni 1863

In der Konstanzer Altstadt liegt das Haus ihrer Familie: Hier wuchs sie auf, die Künstlerin Marie Ellenrieder, hierher kehrte sie immer wieder zurück, um zu leben und zu malen, hier starb sie im Alter von 72 Jahren. Langgestreckt und schlicht steht das Haus eng an der Straße. Einzig die Buchstaben »Marie Ellenrieder« auf seiner Wand weisen darauf hin, dass hier eine Frau gewohnt hat, die zu ihrer Zeit zu einem regelrechten Präzedenzfall wurde.

Und zwar im Jahr 1813. Damals durfte Marie Ellenrieder als erste Frau an einer deutschen Kunstakademie studieren. Die 1791 in Konstanz geborene Tochter eines Uhrmachers hatte sich, entgegen dem gesellschaftlichen Ideal, bewusst gegen Ehe und Kinder entschieden und lebte nur für ihre Kunst: kompromisslos, erfolgreich.

14-jährig ging Marie zunächst bei einem Miniaturenmaler in die Lehre. Dann wurde der einflussreiche Konstanzer Bistumsverweser Ignaz Freiherr von Wessenberg auf das außergewöhnliche Talent der jungen Frau aufmerksam. Beim bayerischen König höchstpersönlich erwirkte er einen Studienplatz für sie. So kam Marie Ellenrieder an die Königliche Akademie in München – weitere Frauen sollten ihr folgen.

Nach dem Studium wurde Marie Ellenrieder Porträtmalerin an den südwestdeutschen Fürstenhöfen; unter anderem malte sie Erbprinz Leopold von Baden und dessen Frau. 1822 unternahm sie eine Studienreise nach Rom und lernte die dort lebende Künstlerkolonie der »Nazarener« kennen, jener katholisch-romantischen Bewegung, die im Geiste des Christentums die Kunst erneuern wollte. Die neue Stilrichtung beeinflusste Marie Ellenrieders Arbeit entscheidend; ihre Kunst veränderte sich zunehmend in Richtung religiöser Malerei und stürzte sie zunächst in eine tiefe Krise. Marie glaubte, ihrem eigenen hohen künstlerischen Anspruch nicht mehr genügen zu können; eine beginnende Schwerhörigkeit behinderte sie zusätzlich. In Rom, am »Heiligen Christtag« 1822, schrieb Marie in ihr Tagebuch:

Niemals irrte ich so wankend umher, als wie in diesen Tagen; Entschloßenheit schien sonst ein froher Triumpf meines Innern; aber nun bin ich feig wie eine Memme: wie der Wind, so laße ich den Segel meiner lecken Barke. Ich bin gleich einem Vogel in der Luft, der kein Zweigchen findet worauf er ruhen könnte.

Nach einem Jahr in Florenz kehrte Marie Ellenrieder 1825 in ihre Konstanzer Heimat zurück. Zunächst fiel es ihr schwer, sich in der kleinen Stadt wieder einzuleben. Immerhin erlaubten ihr die Stadtoberen, im ehemaligen Konstanzer Rathaus zu malen.

Fortan verweigerte Marie Ellenrieder (mit wenigen Ausnahmen) die Anfertigung von Porträts. Denn diese – so vertraute sie es am 7. Oktober 1843 ihrem Tagebuch an – dienten in ihren Augen nur der sündhaften Eitelkeit:

Habe ich doch so vielfältig erkannt welch große Eitelkeit es ist; daß die meisten Menschen immer & immer ihre Porträtte wünschen. – Gott sagt »werdet vollkommen wie ich vollkommen bin« also, göttliche Vorbilder soll der schwache Mensch sich wählen um nachzueifern; sollte auch das Kunstwerk weit hinter dem Ideal zurück bleiben; das sichtbare Zeichen muß ihn doch erinnern an das was über ihm ist, dahin wir alle berufen sind: Von Fesseln aller Art gelangt mann aber nicht dahin; – es ist also kein gutes Werk Ketten zu schmieden, die nur noch fester an die Erde binden, hangen wir ja ohnedieß zu viel an Allem was uns lieb ist!

Die fromme Katholikin stellte ihre Arbeiten endgültig in den Dienst der Religion. Als erste deutsche Künstlerin fertigte sie Altar- und Wandbilder für insgesamt 13 Kirchen, Kapellen, Schlösser und Häuser, darunter die Werke »Maria mit dem Jesusknaben an der Hand« (1824), »Die Marter des heiligen Stephan« (1827) oder »Jesus als Kinderfreund« (1845) in der Konstanzer Dreifaltigkeitskirche. Der Badische Kunstverein verlieh ihr die

Goldene Medaille für Kunst und Wissenschaft – wiederum als erster Frau. 1829 ernannte Großherzog Ludwig sie zur Hofmalerin mit ordentlichem Verdienst von jährlich 300 Gulden. In den Jahren 1847 und 1849 fertigte Marie Ellenrieder zwei große religiöse Gemälde für die britische Königin Victoria. Gleichzeitig fühlte sie sich von gesellschaftlichen Anlässen zunehmend ermüdet. Im Jahr 1860 notierte sie:

Ich habe schon oft die Bemerkung gemacht, wenn ich z. B. ein Bild übermalte und regelmäßig daran fortarbeitete, das heißt, in den gewöhnlichen Stunden in welchen ich an der Staffeley sitzen soll, ich mich dabei viel weniger ermüdete, als wenn ich diese Stunden zu andern Beschäftigungen verwendete: und diese waren gewöhnlich Höflichkeitsdienste, die man ohne Sünde schon unterlassen dürfte, obschon es in den Augen Vieler tadelnswürdig wäre. – Es soll mich aber kein menschliches Urtheil mehr bekümmern. Gebet u. Berufspflicht ist die Hauptsache, zwischen diesen beiden kömt die Nächstenliebe in Wort u. That: was aber nur eine leere Höflichkeit fordert, das sollte unter vernünftigen Menschen ganz aus der Mode komen. Um wie viele kostbare Stunden haben mich solche eingewurzelte Geselligkeitsregeln gebracht!!

Marie Ellenrieder hatte sich als Künstlerin etabliert, sie konnte gut von ihren Aufträgen leben. Doch der Weg dorthin war steinig gewesen. Immerhin glaubten Kirche und Bürgertum lange Zeit, dass Frauen überhaupt nicht in der Lage seien, bedeutende Kunstwerke zu schaffen. Hie und da ein Stillleben oder ein kleines Porträt – warum nicht? Aber doch nichts Großformatiges von historischem oder religiösem Wert! Bereits beim Studium an der Kunstakademie in München war es immer wieder zu Schwierigkeiten gekommen. Frauen wurden beispielsweise nicht zur Aktmalerei zugelassen, das galt als hochgradig unschicklich. Aber Marie Ellenrieder wusste sich zu helfen. Gemeinsam mit anderen Malerinnen organisierte sie auf eigene Faust Nacktmodelle. Künstlerinnen wie Louise Seidler oder Katharina von Predl, die ihr beide an die Akademie folgten, wurden ihr zu Freundinnen. Insgesamt studierten in den folgenden Jahrzehnten 47 Frauen in München.

Am 5. Juni 1863 starb Marie Ellenrieder in Konstanz an einer Lungenentzündung. Bis zu ihrem Lebensende hatte sie mit ihrer Schwester Josefine zusammengewohnt. Neben Gemälden und Zeichnungen hinterließ Marie Gedichte, mehrere Tagebücher und eine größere Anzahl von Briefen. Noch zu ihren Lebzeiten endete der von ihr ausgelöste künstlerische Aufbruch der Frauen wieder. Nach 1852 nahm die Münchner Akademie abermals nur Männer auf – und daran änderte sich bis zum Jahr 1919 nichts mehr.

Literatur:

Tobias Engelsing, Barbara Stark (Hrsg.): Einfach himmlisch! Die Malerin Marie Ellenrieder 1791–1863. Konstanz, Arnoldsche 2013.

Friedhelm Wilhelm Fischer: Marie Ellenrieder – Leben und Werk der Konstanzer Malerin. Mit einem Werkverzeichnis von Sigrid von Blanckenhagen. Konstanz, Thorbecke 1963.

Edwin Fecker: Marie Ellenrieder – der schriftliche Nachlass. www.edwin-fecker.de

Sehenswert

Im Rosgartenmuseum in Konstanz finden sich neben dem Selbstporträt zahlreiche weitere Werke der Marie Ellenrieder. Das kunst- und kulturgeschichtliche Rosgartenmuseum wurde im Jahr 1870 vom Konstanzer Apotheker und Stadtrat Ludwig Leiner gegründet. Der lauschige Innenhof des Museumscafés lädt Besucher zum Verweilen und Entspannen ein. Weitere Informationen: www.rosgartenmuseum.de

Rechts im Bild: Familien- und Wohnhaus der Marie Ellenrieder, Zollernstraße 2 in Konstanz. (Ralf Staiger)

Chris Inken Soppa lebt in Konstanz. Nach dem Studium der Anglistik und Romanistik an der Universität Konstanz und am Trinity College Dublin war sie als Nachrichtenredakteurin tätig und von 2004 bis 2009 als Koordinatorin der Konstanzer Internationalen Sommerschule für Literaturwissenschaft. Chris Inken Soppa schreibt Romane und Erzählungen, arbeitet als literarische Übersetzerin und gehört der Meersburger Autorenrunde an. Zusammen mit dem Grafiker und Illustrator Ralf Staiger brachte sie ein Künstlerbuch und ein Kinderbuch heraus.

Aach
Stockach
Ludwigsha
Bodman
Singen
Moos
Radolfzell
Allensb
adingen
Gaienhofen
Reichenau
Schiener Berg
Öhningen
am Rhein
Insel Werd
Steckborn
Salenstein-
Arenenberg
Frauenfeld
Winterthur
Wil
N
W
O
S
1 Frieda Meier
2 Sonja Gräfin Bernadotte
3 Aleida Assmann
4 Gretel Dietrich-Schopen
5 Ilse Schneider-Lengyel
6 Lilly Braumann-Honsell
7 Franziska Nisch
8 Elisabeth Mühlenweg
9 Elisabeth Noelle-Neumann
10 Mia Hesse-Bernoulli
11 Gertraud Herzger von Harlessem
12 Bertha von Petersenn
13 Nelly Dix
14 Ahninnenwand
15 Tami Oelfken
16 Monika Mann
17 Annette von Droste-Hülshoff
18 Helene Freifrau von Bothmer
19 Wendelgard
20 Maria Beig
21 Olga Königin von Württemberg
22 Lotte Eckener
23 Elisabeth von Plotho
24 Christine Charlotte Riedl
25 Maria Stromberger

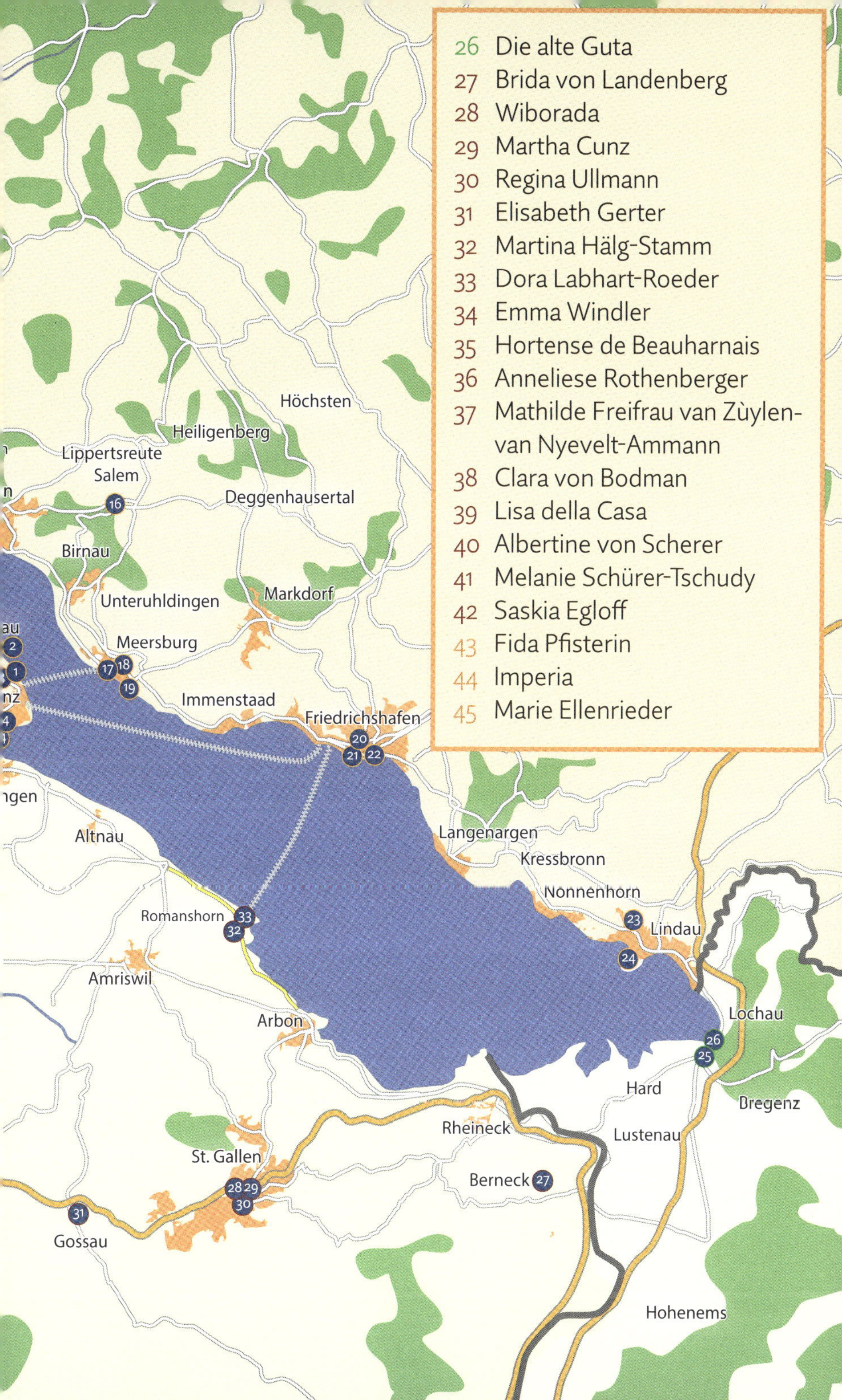
26 Die alte Guta
27 Brida von Landenberg
28 Wiborada
29 Martha Cunz
30 Regina Ullmann
31 Elisabeth Gerter
32 Martina Hälg-Stamm
33 Dora Labhart-Roeder
34 Emma Windler
35 Hortense de Beauharnais
36 Anneliese Rothenberger
37 Mathilde Freifrau van Zùylen-van Nyevelt-Ammann
38 Clara von Bodman
39 Lisa della Casa
40 Albertine von Scherer
41 Melanie Schürer-Tschudy
42 Saskia Egloff
43 Fida Pfisterin
44 Imperia
45 Marie Ellenrieder
Höchsten
Heiligenberg
Lippertsreute
Salem
Deggenhausertal
Birnau
Unteruhldingen
Markdorf
Meersburg
Immenstaad
Friedrichshafen
Altnau
Langenargen
Kressbronn
Nonnenhorn
Romanshorn
Lindau
Amriswil
Arbon
Lochau
Hard
Bregenz
Rheineck
Lustenau
St. Gallen
Berneck
Gossau
Hohenems

S. Kopitzki / W. Liebl-Kopitzki, **Überlingen literarisch. Ein Spaziergang durch die Jahrhunderte**
978-3-8392-2607-0

EINE LITERARISCHE STADTFÜHRUNG

Im 20. Jahrhundert war Überlingen das Zentrum der Literatur am Bodensee. In das Gästebuch der Stadt trugen sich Schriftsteller wie Heinrich Mann und Max Frisch, der Verleger Siegfried Unseld und Intellektuelle wie Theodor W. Adorno ein. Meist waren es Zivilisationsflüchtige, Migranten und politisch Verfolgte, die die Stadt besuchten, darunter Alfred Döblin und Tami Oelfken. Viele verließen die Stadt wieder, andere blieben, wie etwa Martin Walser.

In dieser Anthologie wird das literarische Überlingen erstmals umfassend dokumentiert. Der Spaziergang durch die Stadt führt die Herausgeber dabei bis in die Zeit des Minnesangs zurück.

Manfred Bosch, **Wa witt no meh**
978-3-8392-2463-2

ENTLANG DER MUNDART

»Genau so reden sie, die Eltern, der Opa, die Erwachsenen«, notierte Bruno Epple über die alemannischen Gedichte von Manfred Bosch. Einem Seismografen gleich erfasst Bosch »Volkes Stimme« zwischen Bodensee und Hegau.

Knapp einhundert Gedichte enthält die Auswahl »Wa witt no meh«, die überwiegend in den 1970/80er-Jahren entstanden sind und in vier Bändchen publiziert wurden. Neben den bereits veröffentlichten Texten enthält dieser Band auch neue Gedichte. Immer ist der Lesespaß garantiert.

Manfred Mai / Martin Lenz,
Was für ein Glück – mir send Schwoba
978-3-8392-2503-5

Über Schwäbinnen und Schwaben und das Land, in dem sie leben, ist schon viel geschrieben worden. Aber noch nie, wie Manfred Mai es in diesem Buch tut. Der waschechte Schwabe erzählt unterhaltsam und kenntnisreich von den Besonderheiten seiner Heimat und seiner Landsleute. Augenzwinkernd blickt er auf sein Ländle.

Auf der beiliegenden CD finden sich elf originelle Lieder in schwäbischer Mundart. Eigens für dieses Buch komponiert hat sie der aus Winnenden stammende Musiker und Liedermacher Martin Lenz.

Zusammen ergibt das eine literarisch-musikalische Reise durch das Schwabenland.

A. Knittel / S. Kopitzki,
»Jedes einzelne Leben ist die Welt«
978-3-8392-2777-0

Der in Meßkirch geborene Arnold Stadler zählt zu den bedeutendsten deutschen Schriftstellern der Gegenwart. Der Büchner-Preisträger ist ein Genie einer Ästhetik des Um- und Weiterschreibens – und längst »Gegenstand« der Literaturwissenschaft.

Anlässlich seines 65. Geburtstages fand im April 2019 in Meßkirch eine interdisziplinäre Tagung mit Stadler-Experten aus Deutschland, Österreich und der Schweiz statt. Jetzt liegen die Beiträge in Buchform vor – ergänzt um einen Essay über den Kunstkritiker Stadler sowie einen Geburtstagstext des Autors Christof Hamann.

Bernhard Hampp,
Schwaben erlesen!
978-3-8392-2123-5

LITERARISCHES JUWEL Die Heimat von Friedrich Schiller und Hermann Hesse ist die Wiege berühmter Dichtung und Bücherschätze. Nirgendwo sonst kann man an so vielen Orten großen Denkern, Buchpionieren und Lesetrends nachspüren. Diese Sammlung bibliophiler Orte lässt in die Welt des gedruckten Wortes eintauchen. Der Autor Bernhard Hampp führt auf einer Reise durch Württemberg hinter die Kulissen bedeutender Literatureinrichtungen und stellt mit Charme und Sachverstand gewitzte Buchfälscher, philosophische Überflieger und Minnesänger vor.

Bernhard Hampp,
Baden erlesen!
978-3-8392-2485-4

BÜCHERABENTEUER Zwischen Schwarzwald und Rhein, Odenwald und Bodensee schlummert ein faszinierendes Bücherland. Hier schufen weltoffene Universitätsstädte eine einzigartige Lesekultur, wurde Deutsch zur Literatursprache erhoben und ersann Hans Jakob von Grimmelshausen seine Schelmenromane. Literarische Größen wie Marie Luise Kaschnitz oder Hermann Hesse haben ihr Herz in der Sonnenregion verloren. Der Autor Bernhard Hampp stellt auf einer kurzweiligen Reise durch Baden prächtige Bibliotheken, urige Buchcafés und versteckte literarische Juwelen vor.